VOYAGES
ET
AVENTURES
DES
ÉMIGRÉS FRANÇAIS.

TOME PREMIER.

N. B. L'abondance des matières nous oblige de renvoyer à un troisième volume, que nous publierons sous peu. Nous prions les personnes qui nous adresserons des notes sur les Émigrés, d'écrire bien correctement les noms propres.

ON TROUVE A LA MÊME ADRESSE:

VOYAGE A LA GUIANE ET A CAYENNE,

Fait en 1789 et années suivantes;

Contenant une Description Géographique de ces Contrées, l'Histoire de leur Découverte; les Possessions et établissemens des Français, des Hollandais, des Espagnols et des Portugais; le Climat, les Productions de la Terre, les Noms des Rivières; celui des différentes Nations Sauvages, leurs Coutumes et le Commerce avantageux qu'on peut y faire, etc, etc.

Ouvrage orné de Gravures et de Carte Géographiques. 1 vol. in8. 5 liv., et 6 liv. franc de port.

Je poursuivrai le Contrefacteur.

VOYAGES
ET
AVENTURES
DES
ÉMIGRÉS-FRANÇAIS,

DEPUIS LE 14 JUILLET 1789 JUSQU'A L'AN VII,

Époque de leur expulsion par différentes puissances de l'Europe, dans la Volhinie, le Gouvernement d'Archangel, la Sibérie, la Samojédie, le Kamtchatka, les îles Canaries, l'île de Mayorque, Minorque, le Canada, etc.

CONTENANT la Description Historique, Géographique de tous ces pays; suivie des Moeurs, Coutumes, Usages des Peuples qui les habitent, avec des observations sur la révolution de la Pologne; et les articles des Traités de Paix des différentes Puissances qui se sont engagées à expulser les Émigrés Français:

AVEC LES NOMS D'UN GRAND NOMBRE D'ÉMIGRÉS REMARQUABLES PAR LES ÉVÉNEMENS QU'ILS ONT ÉPROUVÉS.

PAR L. M. H.

AVEC SIX CARTES GÉOGRAPHIQUES, ET QUATRE GRAVURES.

TOME PREMIER.

A PARIS,

CHEZ L'ÉDITEUR, RUE DES MARAIS, F. G., n°. 20.

AN VII DE LA RÉPUBLIQUE.

VOYAGES
ET
AVENTURES
DES
ÉMIGRÉS FRANÇAIS,

DEPUIS LE 14 JUILLET 1789 JUSQU'A L'AN VII,

Époque de leur expulsion par différentes puissances de l'Europe, dans la Volhinie, le Gouvernement d'Archangel, la Sibérie, la Samojédie, le Kamtchatka, les îles Canaries, l'île de Mayorque, Minorque, le Canada, etc.

Contenant la Description Historique, Géographique de tous ces pays ; suivie des Mœurs, Coutumes, Usages des Peuples qui les habitent, avec des observations sur la révolution de la Pologne ; et les articles des Traités de Paix des différentes Puissances qui se sont engagées à expulser les Émigrés Français :

Avec les noms d'un grand nombre d'émigrés remarquables par les événemens qu'ils ont éprouvés.

Par L. M. H.

Avec six cartes géographiques, et quatre gravures.

TOME PREMIER.

A PARIS,

CHEZ L'ÉDITEUR, RUE DES MARAIS, F. G., n°. 20;

AN VII DE LA RÉPUBLIQUE.

VOYAGES ET AVENTURES
DES
ÉMIGRÉS FRANÇAIS,

Depuis le 14 juillet 1789 jusqu'à ce jour.

IL n'est point de pays qui n'ait éprouvé quelques secousses révolutionnaires ; mais en fût-il jamais un, comme la France, où les convulsions politiques ayent produit des effets aussi étranges, aussi inattendus ? Toutes les parties de l'empire violemment agitées par tout ce que les passions ont de plus orageux, présentaient l'image d'une mer tourmentée par la plus horrible tempête. Ce nouvel océan dans ses fureurs ne connut bientôt plus de digues ni de limites ; il porta ses ravages dans les pays voisins ; et les trônes ébranlés, ne parvinrent, qu'avec les plus grands efforts, à voir ses vagues destructives, se briser et s'anéantir à leurs pieds. Mais celui de France se trouvant au milieu des flots, tels que ces volcans élevés, qui reçoivent dans leurs entrailles toute l'écume de la mer, qu'ils

Tome I. Première Partie. A

vomissent ensuite avec des torrens de feu, attira dans son sein tout ce que cette tempête politique avait de plus impur. Bientôt leurs poisons combinés s'enflammèrent, et leur éruption fit pleuvoir sur tous les trônes sa lave brûlante.

Cet événement fut précédé et suivi d'une infinité d'autres, non moins inconnus dans l'histoire.

En effet, si par quelque ébranlement du globe, les Alpes, depuis le Mont-Blanc jusqu'à l'Istrie s'étaient dissoutes ; si ces faibles débris de notre continent, l'Angleterre enfin, ce séjour de nos éternels ennemis, s'engloutissait dans cet océan qui, lui servant de limites, semble accroître son orgueil ; si les sources du Rhin et du Danube venaient à tarir ou à se perdre, et que l'Afrique se rejoignît à l'Espagne ; cette révolution physique ne serait ni plus étonnante, ni plus féconde en changemens extraordinaires dans l'existence actuelle de l'Europe, que ne l'a été dans le monde politique la révolution depuis 1789.

Cette France, située au centre de l'Europe, qui semblait être le point de réunion de tous les peuples civilisés, la mieux pourvue de forces intérieures, la plus abondante en ressources, appelée par la nature à jouer le premier rôle dans toutes les crises qui agitent l'univers, habitée par un peuple spirituel, vif, entreprenant, sujet à toutes sortes d'enthousiasmes, fort de vingt-six millions d'individus, qui souvent étonna le globe par la rapidité de ses exploits, et l'a toujours dominé par ses modes et ses écrits : cette France oublie tout d'un coup que depuis une longue suite de siècles, elle mettait toute sa gloire dans son incomparable fidélité pour ses rois. Ses habitans veulent avec une sorte de fierté être le peuple plus libre de l'univers. Dès ce moment ils prennent une autre attitude. Les hommes les plus doux et les plus affables, que l'on croyait même livrés à la mollesse, déploient une énergie, une résistance, une constance sans bornes, et supérieure à tout ce que l'on nous rapporte des Romains et des Spartiates.

Ce peuple s'élève bientôt avec autant d'énergie que de dignité, contre les abus qui l'opprimaient de toutes parts. Il recueille ses forces pour briser les honteux liens que la superstition et le despotisme rivaient sans cesse. Alors les nombreux partisans de ces mêmes abus, voyant l'opinion publique se prononcer fortement contre leur perpétuité, et se croyant outragés, avilis par la privation de certains honneurs frivoles, de quelques titres encore plus vains, abandonnèrent une fortune immense, les premières dignités de l'état, leurs amis, leurs parens, leur patrie, pour aller traîner, chez les puissances étrangères, les honteux débris de leur orgueilleuse prétention. Cette résolution dénaturée, conduisit hors de nos frontières, des nobles, des prêtres, des financiers, des parlementaires, qui éblouirent par leurs chimériques espérances, une foule d'êtres et d'artisans, que la faiblesse, l'intérêt et le malheur, enchaîna à leur sort.

Le 14 juillet 1789, fut le signal du départ des premiers émigrés. Ce fait, dont les siècles les plus reculés ne nous donnent aucun exemple, devient encore plus étonnant par la grande quantité d'individus, qui, depuis cette époque, jusqu'au 9 thermidor, an 2, ne cessèrent de déserter leur pays, sous des prétextes aussi variés, que les circonstances révolutionnaires semblaient autoriser. La postérité ne sera-t-elle pas étonnée, lorsqu'elle apprendra que leur nombre se monte à plus de cent vingt-quatre mille, dont neuf mille femmes nobles, seize mille neuf cent quarante-deux nobles, vingt-huit mille prêtres, quatre cent quatre parlementaires, huit mille quatre cent quatre-vingt-douze militaires nobles, neuf mille neuf cent trente-trois propriétaires, deux mille huit cent soixante-sept homme de loi, deux cent trente banquiers, sept mille huit cent négocians, trois cent vingt-quatre notaires, trois cent vingt-huit médecins, cinq cent quarante chirurgiens, trois mille deux cent soixante-huit cultivateurs, deux mille marins nobles, vingt-deux mille sept cept cent vingt-neuf artisans, deux mille huit cent domestiques, trois mille femmes d'artisans, trois mille quatre-vingt-quatre enfans des deux sexes, quatre mille quatre cent vingt-huit religieuses.

Coblentz fut un des principaux lieux où se rendirent ceux que l'on distinguait le plus parmi les nobles, dits de la plus haute qualité. D'abord leurs noms, leurs rangs et surtout l'or qu'ils avaient emporté, les firent accueillir avec autant d'intérêt que de respect. L'électeur de ce petit canton de l'Allemagne, voyant cette nouvelle source de richesses dans ses états, déploya en leur faveur tout le faste des cours ; ils trouvèrent donc, comme à Versailles, ces égards, cette pompeuse étiquette qui flattaient si bien leur amour-propre.

Les sujets de l'électeur, à l'exemple de leur maître, frappés en outre de cette profusion avec laquelle nos émigrés prirent à tâche de se distinguer, leur accordèrent une entière confiance. Toutes les banques leur furent ouvertes. Les vastes biens qu'ils avaient en France, la facilité avec laquelle ils retiraient leurs revenus, concoururent à leur faire trouver les sommes dont ils avaient besoin, au modique intérêt de quatre pour cent par année.

Ce fut alors que l'on vit se développer toute la galanterie de l'ancienne chevalerie française. Mais faibles émules de ce Bayard, dont la réponse sublime, à l'article de la mort, au connétable de Bourbon qui portait les armes contre la France, devrait les avoir frappés; leur bravoure, leurs hauts faits différèrent beaucoup des vertus de cet ancien chevalier, qu'ils prétendaient être leur modèle.

Traçons l'esquisse rapide de leur existence politique, depuis l'instant de leur émigration, jusqu'à l'époque de leur exil dans différentes contrées habitées par des peuples peu civilisés. D'abord soutiens-nés de la monarchie, comme ils le prétendaient, c'est au loin qu'ils veulent la défendre; et c'est au loin qu'ils creusent le tombeau de cette monarchie, en enlevant même aux puissances étrangères qui se sont prêtées à leurs projets, les plus beaux fleurons de leurs couronnes.

Hommes aveugles ! ils ne prévirent pas qu'ils pourraient être les instrumens serviles des puissances ambitieuses, qui saisirent avidement cette occasion pour tirer quelque avantage de ce noyau de partisans de la royauté qui, par sa puissance, son crédit et ses nombreux amis dans l'intérieur, ouvrait un accès facile à l'agrandissement des confédérés.

Coblentz étant le rendez-vous des émigrés français, cette ville jouit pendant quelques instants d'un éclat éphémère. Les bals, les spectacles, les festins répandirent dans tous les coins de cette ville, une apparence de gaieté et d'opulence. Ils s'y distinguèrent, surtout par une magnificence, une profusion, jusqu'alors sans exemple. Les repas qu'ils donnèrent furent précédés de cet appareil pompeux, par lequel ils voulaient que toutes leurs actions fussent marquées. Tous les ouvriers utiles pour la bouche étaient occupés trois jours d'avance. Les boulangers avaient ordre de fabriquer un nombre de petits pains plus beaux que ceux que l'on y faisait ordinairement. La viande, le gibier, le poisson, etc., étaient achetés à grands frais dans tous les pays circonvoisins. On ne calculait pas en sortant avec l'aubergiste ; on jetait sur la table des rouleaux d'or, on se contentait seulement de lui demander s'il se croyait satisfait. La vue d'une somme qui surpassait toujours de beaucoup la valeur de leur dépense, leur attirait de la part de l'hôte, ces humbles remercimens, ces marques d'un dévouement sans bornes, qui entretenaient dans leurs esprits l'illusion de leur orgueilleuse prééminence.

Dans ces orgies, au milieu du délire d'un repas somptueux et de leurs espérances futures, on les vit jeter par les croisées, au peuple, différens mets, avec des corbeilles pleines de ces petits pains qui ne se fesaient que pour eux. N'était-ce pas là le dernier éclat de leur faste expirant ?

Cependant tout a déjà réussi à leur gré; l'Empire, la Prusse se déclarent contre la France, et Frédéric vient lui-même à la tête d'une armée formidable, composée en partie de ces vieilles bandes, qui ont immortalisé le règne du héros du Nord. Son successeur fait déjà flotter sur son diadême, les lauriers qu'il s'apprête à cueillir dans la conquête de la France.

Bingen, ville située au confluent de la *Nahe* et du *Rhin*, avait servi de retraite à quelques émigrés. Ce fut là que ce roi passa en revue le corps des émigrés qui étaient venus à sa rencontre, et les reçut dans son armée. Cette revue eut lieu dans une plaine qui est derrière la ville : *Messieurs*, leur dit ensuite Frédéric, *soyez tranquilles*, *j'espère sous peu de tems vous rétablir dans votre patrie et dans vos foyers.*

Aussitôt les Prussiens se portèrent en avant, accompagnés des émigrés qui formaient soixante - dix escadrons de cavalerie, et une infanterie assez nombreuse. Bientôt Longwi, Verdun ouvrirent leurs portes, et ces deux conquêtes importantes semblaient ouvrir le chemin de Paris.

Les émigrés triomphaient ; un de leurs chefs, Condé, s'était déjà établi dans ses propriétés du Clermontois, dont rien désormais ne paraissait devoir l'expulser ; lorsque les Prussiens, autant par la valeur de nos armées, que par les pluies abondantes qui inondèrent alors la Champagne, virent convertir ces champs témoins de leurs victoires, en de vastes tombeaux, qui furent le terme de leur glorieuse carrière.

Par le concours fatal de tant d'événemens, cette brillante armée, à deux doigts de sa perte, fut très-heureuse de pouvoir gagner ses frontières, en nous restituant nos places fortes. Les émigrés, terrassés par ce coup funeste, reprirent en fuyant, le chemin de l'Allemagne. Mais ce n'était plus ces hommes rayonnans de joie et d'espérance ; le désespoir peint sur leurs fronts, attestait combien était terrible l'échec qu'ils venaient d'éprouver, et semblait présager leur perte totale.

Le roi de Prusse licencia leur armée, et pas un n'eut la liberté de conserver ses armes ni son cheval. L'instant du licenciement fut si imprévu, et les ordres qu'ils reçurent à cet effet, leur imposèrent tant de célérité, que forcés de vendre et leurs armes et leurs chevaux, et ne trouvant d'autres acquéreurs que les Prussiens, ils cédèrent le tout à vil prix. Leurs chevaux, surtout, qui leur coûtaient cinquante et cent louis, furent donnés pour quatre ou cinq et même pour un louis.

Tant de glorieux projets, ces honneurs brillans dont ils avaient joui avant cette époque, s'évanouirent alors comme un songe. Jusqu'au moment de la paix avec l'empereur, leur vie n'a été qu'un tissu de calamités, de larmes, d'opprobres et de persécutions : horrible destinée qui devait être couronnée par une plus affreuse encore, par cette proscription générale qui vient de peser sur leurs têtes.

Ce n'est pas que jusqu'à cette époque, ils n'ayent encore joui en partie de quelque existence. Incorporés dans les armées des nouveaux confédérés, dont les succès momentanés ont pu leur donner de l'espoir, ils formèrent un corps particulier, sous les ordres du prince de Condé. Dans le tems où ils étaient campés près de Carlsruhe, ils n'avaient point d'uniforme. On les distinguait par une cocarde blanche, et une espèce de bande de même couleur, empreinte de fleurs de lis noires, qu'ils portaient au bras droit; ils étaient presque tous à pied, et n'avaient d'autres armes que leurs épées. Condé, leur chef, avait établi son quartier général à Radstadt; son titre d'officier-général lui donnait le commandement dans ce district.

Mais ce n'était plus ce prince dont le luxe et le faste imposant à Chantilli, fixait l'admiration des étrangers. Une espèce de calèche ouverte, suivie d'un fourgon, et de quelques domestiques, étaient son cortége; son vêtement consistait en un surtout militaire, sur lequel était brodée une étoile.

Cet homme, que quelques Allemands ont d'abord qualifié de *Condé-le-Grand*, inscription qui se trouvait même écrite à la porte de la chambre d'une triste hotellerie de *Carlsruhe*, n'a pas laissé que de s'abandonner aux excès les plus répréhensibles. Lorsque les destinées de la république eurent fixé la victoire dans ses armées, Condé fit prendre à ses troupes l'uniforme de nos soldats, et se portant en avant, comme si ç'eût été une avant-garde de l'armée républicaine; il commit, à la faveur de cet habit, des pillages inouis, leva d'énormes contributions ; trouvant, sans doute, dans ces excès, le double avantage de se procurer de l'argent, et de rendre les troupes républicaines odieuses aux peuples de l'Allemagne.

Mais ces émigrés avaient obtenu de bien grands et de terribles triomphes pendant ce régime exécrable, dont la durée de dix-huit mois a valu vingt siècles, sans y comprendre les égorgemens qui l'ont suivi. En effet, le Prétendant lui-même en présidant les tribunaux révolutionnaires, eût-il mieux assouvi sa propre vengeance? Quelle impudeur ! quelle férocité n'ont pas déployée tous les membres de ces monstrueuses chambres ardentes ! Avec quelle froide et barbare ironie n'envoyaient-elles pas à l'échafaud, l'ami de son pays, tandis que l'anarchie, précurseur du royalisme, y dictait ses infâmes arrêts ! Si l'on veut se convaincre de la grande influence des émigrés dans ces tribunaux, qu'on parcoure quelques pages de leurs annales sanglantes ; on y verra que tout ce qui avait pris part à la révolution, et ceux qui, ayant dû émigrer, selon les principes de Coblentz, et qui avaient refusé de le faire, ont été poursuivis et égorgés. La nuit du 4 août : Chapelier fit décréter ces fameux articles, qui ont servi de base à notre constitution : Chapelier fut guillotiné. Thouret et Despremenil marchent ensemble à l'échafaud. Le premier avait présidé l'assemblée législative, lorsque Louis XVI s'y était rendu; il avait été s'asseoir sur un fauteuil égal à celui de Louis, et même à sa droite ; et le second avait soulevé le parlement contre l'autorité royale. Combien d'excellens républicains, qui n'avaient commis d'autres crimes que d'avoir arboré la cocarde tricolore, et déterminé la prise de la Bastille, subirent le même sort ? Le maire Bailli, pour avoir rallié les députés au jeu de paume, présidé cette séance mémorable, et prêté le premier ce fameux serment qui prépara l'anéantissement de la royauté, périt aussi sus l'échafaud.

Et ce *Fouquier-Tinville*, cet exécrable accusateur public, en allant à l'échafaud, et disant au peuple qui criait : *Vive la république*, répondait : *oui, crie vive la république, et tu n'auras pas de pain*. Ces dernières paroles de ce ministre des fureurs des comités de gouvernement, ne fixent-t-elles pas nos idées sur les vrais principes, qui faisaient mouvoir Fouquier et ses agens ?

Les faux patriotes de l'an II, en se couvrant du manteau du républicanisme, furent donc, sous tous les rapports, les instrumens des vengeances et de l'ambition des partisans de la royauté. Après avoir frappé une foule de nobles qui n'avaient pas voulu émigrer, ils n'épargnèrent pas les hommes des autres classes, qui, dès l'aurore de la révolution, s'étaient montrés les amis sincères de la liberté. Les uns et les autres étaient les ennemis des tyrans ; les premiers, pour avoir hésité de se ranger sous les étendards des réfugiés à Coblentz ; et les seconds, par rapport à leur haine sincère pour la monarchie. Hypocrites et dangereux prédicateurs d'un nouveau culte, ils ne cherchent des sectateurs que pour les égorger; sous les attraits perfides d'une riante liberté, d'une séduisante égalité, ils cherchent à donner l'essor aux ames qui peuvent s'enflammer à la vue de ces nouveaux dogmes, afin d'abattre d'un seul coup tous les ennemis des rois. Cette foule d'institutions révolutionnaires, qui couvraient la France de pillages, de carnage et de solitude, ne se conduisaient-elles pas de manière à rétablir la royauté. Les plus estimables citoyens français, conduits par milliers à l'échafaud, et une foule d'autres cherchant à éviter la mort par la fuite ; le reste tremblant à l'aspect du crêpe funèbre qui couvrait leur malheureuse patrie; ces boucheries continuelles d'hommes; la terreur générale qui planait sur le sombre hémisphère; ce concours d'oppression, de proscriptions et de meurtres, ne devaient-ils pas augmenter le nombre des mécontens, les irriter et les contraindre à lever l'étendart royal?

Si l'on jette un coup-d'oeil sur la liste de ceux qu'on a envoyés à l'échafaud, l'on verra que le plus grand nombre se trouve de la classe du peuple: car, sur 18,611 individus qui ont péris, il ne s'en trouve que 1,278 de nobles, parmi lesquels on compte 750 femmes: il y a ensuite 1,135 prêtres, 350 religieuses: enfin, 15,698 artisans de tout état, surtout beaucoup de perruquiers; et 1,467 femmes.

Une preuve que depuis long-tems la classe nobiliaire, et surtout depuis l'assemblée des notables, en 1788, cherchait à diminuer l'influence dont jouissait le tiers-état à cause de ses talens, se trouve dans le fait suivant:

En 1787, un citoyen qui arrivait des Indes, sollicita une des filles du maréchal de Castries, la comtesse de Mailly, de le faire placer dans les bureaux de la marine, dont son père était alors ministre; elle lui répondit, vous n'y resteriez pas long-tems ; on va évincer toute cette canaille de commis ; on va créer des conseils de guerre et de la marine. Les nobles seuls, militaires et marins, auront droit d'entrer dans ces conseils ; et la cour sera enfin débarrassée de toute cette vermine emplumée. » Ce citoyen étonné, vint rendre le propos à un employé des bureaux de la guerre : ils firent là-dessus toutes les réflexions que pouvaient suggérer la réponse de la comtesse. Quelque tems après, l'employé des bureaux fut fait commissaire des guerres, et l'est encore dans ce moment.

Au commencement de la guerre, lorsque les Français entrèrent à Francfort, ce commissaire des guerres y fut employé. Le lendemain de son arrivée, atteint d'une fièvre chaude et inflammatoire, il demanda à son aubergiste une femme pour le garder, et, s'il était possible, qu'elle sût parler français. On lui amena, quelques heures après, une française ; qui poussa les soins jusqu'à lui administrer des clystères. Il revint en convalescence, et, conversant avec sa garde, qui ne manquait pas d'esprit, et qui paraissait avoir reçu de l'éducation, il lui dit : « Êtes-vous entrée à Francfort avec nous, ma bonne, ou si vous y demeuriez avant ? J'y étais quatre mois avant. Il y a donc long-tems que vous habitez l'Allemagne ?....

Vous

Vous ne répondez pas?.... Quoi! ma question vous fait pleurer?.... Oh! mon dessein n'est pas de vous faire de la peine.... Allons, calmez vous.... Eh quoi! vous sanglottez.... seriez-vous.... seriez-vous émigrée? — Hélas, oui.... Malheureuse : j'ai fui ma patrie avec mon père et toute ma famille. Tout notre or et nos bagages nous ont été enlevés : je n'ai plus rien ; je ne sais pas même ce que mon père est devenu. — Votre père! comment le nommez-vous? — Ah! vous pouvez me perdre. — Moi! vous m'avez sauvé la vie. — Eh bien! je vous ouvre mon coeur, lisez-y le désespoir, la rage, le regret d'avoir abandonné les lieux qui m'ont vu naître. Je suis fille du maréchal de Castries. — Qu'avez vous dit.. ? La vérité.. que je voulais cacher à jamais. — Pauvre infortunée! votre ton, votre manière de parler me rappellent un propos.... Connaissez-vous S..... — Oui, je lui ai rendu quelques services ; sa mère m'a nourrie. — Vous rappelez-vous d'un propos que vous lui tîntes lorsqu'il vous engagea, de le placer dans les bureaux de la guerre ou de la marine? — Oh! que me dites-vous-là! les tems sont bien changés. — J'étais l'ami de S...... c'est moi qui lui avais conseillé de faire cette démarche ; il vint me rendre votre réponse ; il m'annonça

Tome I. Première Partie. B

que je serais bientôt sans place, et aujourd'hui vous me servez de garde-malade !..... »

La guerre civile était tellement le but de tous ces ennemis de leur patrie ; qu'on ne peut plus se dissimuler qu'ils ont créé et alimenté les horribles massacres de la Vendée (1). On cherchait même à éloigner les deux partis de toute espèce d'accommodement, en les poussant aux excès les plus affreux. Là, l'inepte chef qui conduisait nos valeureuses phalanges, au carnage plutôt qu'au combat, recevait de honteux éloges, tandis que les deux généraux, Quetineau et Westermann, ont porté leurs têtes couvertes de lauriers sur l'échafaud. Dans ces tems horribles, le brave Hoche aurait lui-même été l'une des victimes. Les horreurs qui se commettaient à chaque pas dans cette déplorable contrée, bien loin d'éveiller le gouvernement, qui ne les ignorait pas, conduisaient à la mort le sensible Phelipeaux, qui crut rendre service à son pays, en dévoilant ce tissu d'horreurs. Quels crimes avait commis cette malheureuse Ven-

---

(1) On doit se rappeler de la conspiration de Dusaillant au nom des frères du roi. En juillet 1792, Louis XVI fut obligé de désavouer, en apparence, cette Vendée que l'on organisait au camp de Jalès.

dée, pour éprouver tous les fléaux d'une guerre aussi horrible? Accablée avant la révolution de tous les impôts odieux que le fisc avait inventés, ployant sous le fardeau de la féodalité, elle avait salué, avec un enthousiasme religieux, les premiers rayons de la liberté; l'orgueilleux gentilhomme Breton, qui fourmillait dans l'armée des émigrés, n'appesantissait-il pas sa verge de fer sur ces anciens et malheureux vassaux? Nantes, cette ville célèbre par son patriotisme, n'a-t-elle pas été assiégée à plusieurs reprises? Sa valeur, sa constance républicaine, chassa autant de fois les hordes vendéennes. Ces triomphes répétés, indignèrent les contre-révolutionnaires. Leur intrigue y conduisit le farouche Carrier, pour y punir ces malheureux habitans de leur civisme et de leur valeur. Les émigrés souriaient à cette destruction des Français. L'eau, le feu, le fer, la peste, la famine, des supplices inconnus, furent inventés pour épouvanter la Nature. On n'épargna ni l'âge faible, ni les enfans, qu'on enleva avec barbarie du sein de leurs mères tremblantes, ni la jeune et intéressante beauté, dont les charmes et l'innocence ne purent attendrir leurs bourreaux. Une loi avait été rendue pour pardonner à ceux des vendéens qui rendraient les armes; et le proconsul livre à la mort des bataillons, des escadrons entiers, qui, sous la foi républicaine, venaient offrir leurs bras à la patrie, en abjurant leur erreur ; mais des instructions secrètes ordonnaient de passer outre ; mais, ce qui est facile à prouver, c'est qu'un nombre de prétendus généraux républicains n'étaient autre chose que des déserteurs et des créatures des bandes royalistes. Aussi lorsque ces derniers voulaient déterminer les habitans des communes à se joindre à eux, ils mettaient dans leur proclamation, qu'ils n'avaient à espérer que la mort de la part des républicains. Ils n'avaient pas de peine à se faire des partisans..... d'après les boucheries que leurs fidelles agens dirigeaient.

Les émigrés faisaient jouer les plus cruelles tragédies sur tous les points de la France. Les flammes dévoraient la superbe ville de Lyon. Les Anglais, jaloux depuis des siècles de son industrie et de sa supériorité dans ses fabriques, employèrent tout pour anéantir cette ville : même système les dirigèrent sur Toulon, pour faire détruire son port, ses arsenaux. A tant d'horreurs, ne reconnaît-on pas le bras invisible des vengeurs des rois, dans cette politique infernale, qui livrait aux bourreaux les plus énergiques républicains, les hommes les plus expérimentés de la marine, et en forçait d'autres à déserter leurs bords, afin que nos vaisseaux devinssent la proie des ennemis, jusqu'à l'instant où l'expérience et les défaites eussent formés nos capitaines marins, comme nos généraux sur terre ont appris l'art de vaincre à l'école de nos premières défaites ; leur profonde prévoyance n'a-t-elle pas conduit à l'échafaud ce d'Estaing, la terreur du nom Anglais dans nos dernières guerres ? mais il avait commis un grand crime envers les émigrés. Dans une lettre qu'il écrivit à Marie-Antoinette le 14 septembre 1789, il la prévenait d'une grande conspiration qui se tramait sous les auspices des frères du roi pour l'enlever ; dans cette lettre il semblait dire qu'il la soupçonnait d'être complice.

Ainsi les amis des rois, par le ministère de nos plus grands ennemis, avec lesquels ils n'avaient pas rougi de s'allier, se servaient des républicains pour détruire les républicains ; les richesses de l'état s'employaient à la destruction de l'espèce humaine, au lieu de vivifier le commerce, les arts et l'agriculture.

A cette malheureuse époque, Condé, Valenciennes, Landrecy étaient tombés au pouvoir de l'ennemi. Les lignes de Wissembourg avaient été forcées, et la basse-Alsace était menacée d'une invasion prochaine ; l'Espagne triomphait aux Pyrénées, et quelques succès vers les Alpes, livraient la France à toutes les angoisses d'un asservissement inévitable.

Cependant le 9 thermidor amena un autre ordre de choses ; la Vendée cesse, et Charette qui, quelques mois auparavant, avait fait une entrée triomphante à Nantes, y est conduit en prisonnier, et là, il paye de sa tête le sang qu'il a fait verser de part et d'autre. La face de la France et celles de l'Europe changent entièrement : en vain la nouvelle république paraissait étrange à la vieille Europe ; en vain on demandait son anéantissement de toutes parts : il en arriva comme de tous les ouvrages de génie et d'enthousiasme. L'Allemagne avait beau fermer l'oreille à ce langage politique, il a fallu que l'Allemagne l'apprenne, et la nouvelle république voulut désormais que l'Europe apprît une politique nouvelle.

Les combats furent long-tems meurtriers et terribles ; mais il ne s'agissait pas de la conquête d'une petite portion de terre, il s'agissait d'un ancien et d'un nouveau monde. Ce fut la lutte de deux génies, l'ancien avec le moderne, les Français combattant pour une opinion ; une nation entière luttant contre des armées : le résultat fut ce que, en pareil cas, il devait être ; ni une nuée d'ennemis les attaquant à la fois de tous côtés, ni la tactique imparfaite des troupes françaises, ni la trahison de leurs généraux, ni les factions, ni les guerres civiles, ne furent capables de rien effectuer contre l'enthousiasme d'un peuple persuadé qu'il se battait pour la plus noble et la plus juste cause. On l'avait cru méprisable, il se montra terrible : à peine on voulut lui dicter des lois de soumission dans sa capitale, qu'il porta la terreur de ses armes dans Amsterdam, près de Madrid, de Turin, de Rome, et de Vienne. D'une guerre entreprise pour démembrer la France, la France sort avec des conquêtes qui augmentent son territoire, sa population et ses revenus au moins d'un cinquième. Ce plan que Louis XIV ne put exécuter aidé des Turenne, des Catinat, des Villars et des Luxembourg, de circonscrire ses états par des frontières naturelles, stables et éternelles ; ce plan a été réalisé dans un moment où la France, ébranlée jusques dans ses fondements, demandait une nouvelle organisation, et cela avec des troupes indisciplinées, avec des généraux qui venaient de faire leurs études, ou qui portaient n'aguère le fusil sur l'épaule, dont la plupart n'avaient pas trente ans : et malgré les efforts des généraux les plus expérimentés, des troupes les plus aguerries, et une résistance telle, qu'il n'en a jamais été opposé à aucun peuple.

Ce fut alors que les émigrés furent contraints de quitter en frémissant l'asile provisoire qu'ils s'étaient choisi sur nos frontières. D'abord les prêtres qui s'étaient retirés dans la Belgique, avaient été mal regardés ; le haut clergé surtout était détesté par celui de la Belgique. Le bas clergé seul participait à quelques légers secours. L'empereur qui ne voyait pas de bon oeil ces nouveaux hôtes dont le séjour ne paraissait pas agréable à ses sujets, leur ordonna de quitter ce pays, sous prétexte qu'ils en troublaient la tranquillité (1).

___

(1) Dans la Belgique, lorsque les paysans rencontraient des Français émigrés, ils les insultaient en les qualifiant de fuyards. Deux chevaliers de St. Louis se promenant à cheval, furent traités de déserteurs par trois paysans ; l'un des chevaliers menaça de les frapper, l'un deux répondit, en s'avançant avec un gros bâton, Jean F... tu n'aimes pas l'égalité ; en voilà de l'égalité, ajouta-t-il, en le frappant. L'un des chevaliers eut son épée cassée, ayant à faire à un homme qui avait été maître en fait-d'armes. Les nobles du haut parage voulaient con-

A cet ordre il fallut quitter les frontières d'un pays, où l'attente de leur prochaine réintégration les attachait. La majeure partie gagna la principauté de Bamberg, où se trouvaient déjà plusieurs des leurs qui avaient adopté ce pays dès l'instant de leur sortie de la France; les derniers avaient même eu la sage précaution d'y former des établissemens, dont le gain devait, dans toute circonstance, les mettre à l'abri d'une plus grande indigence. Mais ceux à qui les arts et toute espèce d'industrie étaient étrangers, y traînèrent l'existence la plus misérable : rien n'était plus commun que de voir des chevaliers de Saint-Louis, tendre humblement la main aux passans pour en obtenir de honteux secours. Quant aux femmes de nos anciens grands, telles que duchesses, comtesses et marquises, chacune d'elles s'était livrée au commerce qui est l'apanage des femmes : elles tenaient des cafés, étaient établies mar-

---

server leur ancien rang : ceux surtout qui avaient montés dans les voitures du roi en France, prétendaient seuls devoir être présentés à la cour de Marie-Christine, soeur de Marie-Antoinette; de sorte que les autres nobles en étaient courroucés, principalement un grand nombre de nobles bretons.

chandes mercières, parfumeuses, et de modes, dans des petites échopes qu'on leur avait permis de construire à chaque côté des rues les plus larges et les plus fréquentées : voici les noms de plusieurs femmes nobles qui s'étaient établies à Bamberg :

La comtesse de Caumont.
Madame de Villars.
La marquise de Castellane.
La comtesse de Beauchamp.
La marquise de Damas.
Madame de Maquelon.
Mademoiselle de Neuvarenne.
Mademoiselle de Reinac, ex-chanoinesse.
La marquise de Rossy.
La marquise de Vignancourt.
La marquise de Saint Aignan.
Mademoiselle de Berlos.
La marquise de Rochegonde.
La marquise de Guillaume ; sa fille étant fort jolie lui attirait beaucoup de monde dans son petit café.

Mademoiselle de Spada ; mademoiselle de Torcy ; mademoiselle de Zerlam, vivaient ensemble, d'un petit commerce de lingerie.

L'une d'elles, la marquise de l'Ostange, devait son petit établissement à un de ses anciens domestiques, que son intelligence avait placé chez un baron du pays. Cet homme, craignant qu'un bienfait de sa main, n'humiliât trop sa maîtresse, le lui avait fait parvenir par le canal d'un de ses amis, qui ne lui avait pas laissé ignorer à qui elle devait ce léger don. Malgré qu'elle en fût instruite, elle n'avait cessé de combler d'honnêtetés l'ami de son domestique, de qui elle n'exigeait jamais le prix des rafraîchissemens qu'il venait prendre ; tandis qu'elle jettait à peine un regard sur son ancien serviteur, à qui elle faisait payer rigoureusement tout ce qu'il demandait. Celui-ci piqué d'un acceuil si étrange cessa d'y mettre les pieds. Cet homme a avoué à un de nos prisonniers, son compatriote, que s'il n'avait été retenu par la crainte d'achever de deshonorer les émigrés français, il se serait pourvu en justice pour obtenir une double vengeance contre l'ingratitude de cette femme, et ses coupables conseils qui l'avaient engagé lui et sa femme, à fuir leur pays.

Bamberg avait aussi servi de réfuge à une infinité de prêtres, dont le cagotisme et l'hypocrisie furent peu agréables aux habitans. On voyait dans cette ville et dans les environs une foule de moines de tous les ordres revêtus de leurs habits, parcourir à chaque instant les rues et importuner les passans, de leurs fréquentes demandes.

Le gouvernement de Bamberg crut devoir mettre ordre à cette mendicité qui pouvait devenir dangereuse pour la sûreté publique. On les divisa dans la ville et dans la campagne, par quartiers et cantons, et on invita les habitans les plus aisés à les nourrir chacun à leur tour : ce qui fut non seulement à charge aux habitans ; mais ils furent révoltés par la conduite de la plus grande partie de ces individus, qui se présentaient pour prendre leurs repas comme s'ils n'eussent été obligés à aucune reconnaissance.

L'autorité avec laquelle quelques-uns se faisaient servir, le peu d'attention que d'autres avaient pour leurs hôtes, n'y allant point aux heures des repas, et exigeant qu'on leur gardât leur portion, trouvant même à redire sur la qualité des mets qu'on leur offrait, indisposèrent tellement les habitans qu'ils ne voulaient plus les nourrir ; ils dirent hautement que leur électeur pouvait en prendre soin si tel était son plaisir, mais que quant à eux ils n'en voulaient plus. Cete nuée de sangsues disparut à l'approche de l'armée française et recula dans le fond de l'Allemagne.

Plusieurs autres émigrés se sont rétirés, à Erlang (1), petite ville qui appartient au roi de Prusse depuis 1782. Le mépris les accompagna encore dans cette retraite. Il semblait que le roi de Prusse voulût donner à ses sujets un exemple vivant et terrible du sort qui attendait tout homme assez lâche pour abandonner son roi. Quelle différence entre les brillantes promesses qu'il leur fit avant de pénétrer en France, et l'abandon total où il les laissait languir dans le sein de ses états! Moins heureux que ceux de Bamberg, il leur fut impossible d'y trouver les mêmes ressources, les hommes et les femmes ne vivaient que d'aumônes, remplissaient les emplois les plus vils ; et s'ils recevaient quelques

_____

(1) Erlang, avec titre de capitainerie, est enclavé dans la principauté de Beyreith, dans le cercle de la Franconie. Cette ville est partagée en deux, Alt-Erland, et Christian-Erlang. Charlemagne y établit des Slaves pour lesquels il fit bâtir une église : elle a son magistrat particulier, et est assez régulière. Elle n'a que quatre mille pas de long, sur une largeur encore moindre. La nouvelle fut bâtie en 1686, par le margrave Cristianh-Ernest, pour les réfugiés Français, lors de la révocation de l'édit de Nantes, qui y ont établi des fabriques de bas et de chapeaux. Cette ville, située près de la Rednitz, est dans une position des plus agréables.

secours, ils étaient très faibles, et donnés avec hauteur.

Rien ne saurait approcher de l'opprobre où se trouvèrent plongés les prêtres, forcés de recevoir quelques trites bienfaits de la part des descendans de ces Français que leur prédécesseurs firent expulser de leurs patrie pour la liberté des opinions religieuses (révocation de l'édit de Nantes). Il était donc écrit que la liberté civile, base de la proscription, jadis prononcée contre cent mille familles, avec confiscation de leurs biens, les forcerait un jour à se réfugier auprès des descendans de ces infortunées victimes.

Le fils d'un protestant se trouvant dans une maison avec un évêque français, nommé Roux; cet évêque disait que les Français étaient des assassins de leurs pays, qu'ils avaient foulé au pied la religion, que les ministres de l'église étaient massacrés ou chassés indignement. Le jeune homme lui dit : « Monsieur, vous convenez donc que la conduite des Français est bien criminelle envers les ministres de leur religion; mais votre religion vous ordonnât-elle de faire chasser cent mille familles de France, de leur voler leurs biens, sans autre raison que la différence d'opinion religieuse ? »

L'évêque voulut moraliser ; le jeune homme s'emporte avec fureur, lui jette une chaise à la tête; l'évêque crie à l'assassin ; un attroupement se forme devant la maison, les attroupés demandent ce que c'est; on répond, qu'un prêtre émigré de France, a insulté le fils d'un descendant des protestans, chassés lors de l'édit de Nantes; aussitôt on crie vengeance: rien ne peut retenir la multitude; on veut la tête de l'évêque ; les autres prêtres qui se trouvaient dans les rues, sont poursuivis à coups de pierres, l'abbé Philipeau, évêque de Bourges, et l'abbé Bertin étaient à la veille de succomber, sans les secours de quelques habitans; monsieur de Roquelaure, évêque de Senlis, fut obligé de se déguiser en paysan pour sortir de la ville; l'abbé Pradel, chanoine, resta caché dans un grenier pendant huit jours; l'abbé Pansemont, curé de Saint-Sulpice de Paris, fut forcé de se sauver par une croisée : l'on nous a assuré que les émigrés laïcs ne leur portèrent aucun secours. Les choses devenaient si sérieuses, que le gouvernement, pour rétablir l'ordre, ordonna à tous les prêtres de sortir de la ville. L'indignation fut bien plus grande lorsqu'on sçut qu'un nommé Tourette, chanoine de l'ordre de Saint-Victor, qui recevait l'hospitalité chez un négociant, où venait quelquefois une fille de 24 ans, parente de ce négociant ; l'avait convoitée et était parvenu à lui faire un enfant : cette malheureuse connaissait bien cet homme pour émigré, mais elle ignorait qu'il était prêtre ; les parens de la jeune fille, tous descendans des protestans réfugiés, firent éprouver tant de tourmens à cette infortunée, lorsqu'ils apprirent que ce Tourette était prêtre, que cette victime se noya de désespoir. Elle était grosse de 7 mois.

Soit que les prêtres abhorrés dans ce lieu ayent été cause de l'opprobre dont ont été couverts les émigrés ; soit que leur retraite à Erlang ait été l'ouvrage de la politique de Frédéric, il n'en est pas moins vrai qu'ils y ont traîné la vie la plus misérable. Plusieurs étaient tourneurs, cordonniers, garçons d'écurie, cochers et charretiers.

Monsieur de Saint-Seine président au parlement de Dijon, ne vivait que des secours que lui procurait son ancien tailleur, condamné aux galères pour avoir volé deux aunes de velours noir, appartenant à un des collègues de ce président, qui lui avait fait obtenir sa grâce.

Le marquis de Rochegonde, allait prendre

sa nourriture par charité, chez un ancien domestique qui était établi perruquier.

Le comte de la Vieuxville faisait des commissions, et se tenait au coin d'une rue.

Le Carpentier, président au parlement de Rouen, donnait des leçons de français.

Le comte de Mailly, avait appris l'imprimerie.

Le marquis de Coigneux, recevait l'hospitalité chez un cordonnier français.

Un d'eux, le chevalier de Lanty, fatigué de tendre la main pour recevoir une nourriture dégoûtante, prit le parti de se mettre en service. Le hasard le plaça chez une femme riche, veuve et sans enfans ; le chevalier regarda cette condition comme une bonne fortune ; il crut plaire par ces petits soins qui d'abord attirent à un valet des éloges sur son zèle ; il se flattait insensiblement de fixer l'attention de sa nouvelle maîtresse par des sentimens bien différens, et quand il crut, d'après une conversation qu'il eut avec elle, qu'il l'intéressait, notre homme convoita dès lors sa main et ses richesses. Pour l'y déterminer plus promptement, il ne cessait de lui vanter l'ancienneté de son origine, les hauts faits de ses ancêtres, les biens immenses qu'il possédait en France, et le plaisir qu'il aurait

Tome I. *Première Partie.* C

de faire participer sa bienfaitrice à tant d'honneur et d'opulence. Cette veuve, peu confiante dans ses belles promesses, ne chercha d'abord qu'à s'amuser à ses dépens; cependant, lasse de tant de fades propos de ce nouvel héros d'antichambre, elle ne peut s'empêcher de lui répliquer quelquefois très-aigrement, et de lui imposer silence. Un jour fatiguée de l'entendre parler sur le même ton: renoncez-donc, lui dit-elle, à un titre aussi vain dans la position où vous êtes.--- Soit, madame, répliqua-t-il; pour vous complaire, je me tairai sur cette noble qualité, jusqu'à l'instant où mon bras m'y aura rétabli, et ce n'est plus qu'en France que je veux être chevalier. --- Oui, répondit-elle, mais ce sera en peinture.

Les ci-devant nobles avaient oublié que plusieurs chiens étaient appelés en France du nom de *marquis*. Un de ces animaux était malheureusement ainsi nommé dans cette ville. Il appartenait à une jeune dame, autant belle qu'aimable. Quelques émigrés croyant que l'ironie avait occasionné ce surnom, conspirèrent la perte de cet animal; entr'autres le marquis de Verdalle, le marquis de Confelans, le chevalier de Pradines: effectivement le pauvre animal, blessé mortellement, vint un soir expirer aux pieds de sa maîtresse. La dame fut outrée de ce trait ; elle, surtout, dont la sensibilité se distinguait envers cette caste proscrite. Le lendemain elle en fit des plaintes à un vieil officier (le marquis de Longonnay), qu'elle acoueillait assez volontiers : ce français lui promit *sur sa parole d'honneur*, de punir le téméraire qui avait frappé l'animal chéri. Comme ces légères prouesses faisaient volontiers la matière de leurs délassemens, il eut bientôt trouvé les coupables ; après de vifs reproches, il jeta fièrement le gantelet ; les adversaires l'acceptèrent avec le même simulacre de dignité ; le rendez vous fut fixé pour le lendemain. Le courtisan de la maîtresse du chien fut lui annoncer qu'elle allait être vengée de la mort de son fidèle *marquis*. Comme elle était singulièrement attachée à cet animal, elle apprit avec plaisir, que bientôt quelques hécatombes seraient immolées pour appaiser les mânes de son favori. Le rendez-vous eut effectivement lieu, mais personne n'eut d'épée. La dame ne voyant pas venir son marquis, que la honte du défaut d'armes avait empêché de remplir sa promesse, et retenait chez lui, l'envoya chercher. On ne saurait peindre sa confusion, lorsqu'il s'agît de rendre compte de la cause qui avait retardé le dénouement de la querelle, attendu que tous étaient sans armes. La dame, sur-le-champ, tira sa bourse et lui donna vingt roubles pour qu'il put s'en procurer.

Il n'eût pas été noble, dans le style de ces messieurs, de ne pas donner à son adversaire la faculté de se choisir une arme ; en conséquence, le lendemain, il fut trouver son rival et le somma de déclarer de quelle manière il voulait se battre. Mais au lieu de verser leur sang, ils se réconcilièrent, et il fut convenu que l'un d'eux ferait le blessé. Un chirurgien français, émigré, qui se trouvait dans un hospice, chargea de recevoir le prétendu blessé. On se partagea à tous l'argent, en bons frères, et chacun s'en arrangea pour mettre ordre à ses petites affaires.

Si ces faits prêtent un juste ridicule à leurs auteurs, et égayent, pendant quelques instans, le lecteur ; il en est une foule d'autres, qui mériteront sans doute sa commisération, et peut-être ses larmes.

Les malheureuses femmes d'émigrés cherchaient dans leurs faibles talens tous les moyens d'alléger la profonde misère qui les accablait. Les états les plus vils, les plus misérables étaient leur partage. Blanchir, repasser, raccommoder des bas, voilà tout ce qu'il leur fut permis d'entreprendre.

La comtesse de Virieu, dont la vie dissipée à Paris, ne lui avait acquis d'autre talent que celui de briller dans les bals et les sociétés, fut obligée de se mettre en apprentissage chez une ravaudeuse. Un mauvais grabat pour se reposer, une nourriture grossière et dégoûtante, des reproches amers sur sa mal-adresse, qui, selon les propos intéressés de sa maîtresse, lui enlevaient une partie de son gain, lui firent payer cher son apprentissage. Enfin, le desir de jouir de cette liberté, qui lui parut alors si précieuse, la stimula tellement, qu'au bout de peu de tems elle fut assez *instruite* pour se procurer quelques pratiques particulières. On voyait cette femme établie sous un auvent délabré, ayant autour d'elle le chétifs étalage du métier. Trop heureuse encore lorsque quelques malheureux venaient alimenter son industrie ! Sa douceur, sa résignation lui attiraient une certaine compassion respectueuse, qui paraissait lui faire supporter son état avec assez de patience.

Mais la marquise de Jumilhac ne pouvant se dépouiller de son ancienne arrogance, ne sut pas se concilier cette popularité qui inspire cette sensible commisération, si consolante en faveur de l'infortune. La classe ouvrière était mal reçue dans son échope. Quelques-uns de ses chalans ne laissaient pas que de se venger, de tems à autre, de son ton dédaigneux, en l'apostrophant : vois donc, disait l'un d'eux, à un de ses camarades, cette grande dame, comme elle est fière dans son nouveau château.

Madame de la Martinière faisait le commerce de vieilles hardes pour femmes. Mademoiselle de Saint Marceau était fille de boutique chez un marchand de toiles ; madame de Rocheplatte vendait, dans une petite échope, des fruits, des légumes, etc.

La marquise de Roquelaine vivait avec un perruquier qui l'avait coiffée autrefois à Paris.

La comtesse de Périgord, était gouvernante d'enfans chez un négociant.

La marquise de la Londe, tenait le comptoir d'un restaurateur.

Mademoiselle de la Bretonnière donnait des leçons de peinture, en ville.

Mademoiselle de Dorvillers s'était mise maîtresse d'école, vu qu'elle savait très-bien l'allemand.

La duchesse de Guiche était garde-malade.
La marquise de Villefort vivait des secours

que lui procurait une ancienne femme-de-chambre, qui faisait le commerce des modes.

Madame de Saint Marcel, quoique très-misérable, avait conservé son ancien orgueil; elle faisait le commerce de fleurs artificielles.

Mlle. de St.-Marcel, âgée de 21 ans, très-jolie, avait pris le nom de Semonville dans la maison où elle demeurait.

Un officier français, nommé Picard, fait prisonnier, et qui avait reçu une bonne éducation, devint amoureux d'elle: et, malgré la défense de sa mère de ne jamais parler à aucun militaire républicain, elle eut des liaisons avec lui, au point qu'elle devint grosse.

Picard va la demander en mariage; la mère lui dit: plutôt la mort que de consentir que ma fille épousât l'un des assassins de mon pays. L'officier lui dit, je suis parti pour l'armée volontairement et dans l'intention de servir ma patrie; je m'engage en épousant votre fille de la reconduire en France et d'employer tout mon crédit pour obtenir votre radiation. Tout convenu, il épouse la fille: au bout de deux mois de mariage, vivant très-bien avec sa femme, et se trouvant dans un café, deux émigrés, dont l'un se nommait le chevalier de Ludresse, lui cherchèrent dispute, en lui disant qu'il avait déshonoré mlle. de St.-Marcel en l'épousant. En rentrant chez lui, il ne trouve plus sa femme ! et deux jours après il a été trouvé assassiné dans une petite rue.

Quelque triste que fût la position des émigrés, ils auraient été fort heureux s'ils avaient pu en jouir encore long-tems ; mais bientôt la république qui parut d'abord un paradoxe, et qui semblait le résultat d'un songe produit par le délire de la fièvre ; cette république que l'on regardait comme une bulle de savon prête à se dissiper au moindre choc d'un atôme ; cette nouvelle république qui semblait convenir si peu à l'Europe, commençait à prendre une supériorité par ses armes, réellement effrayante pour les alliés : leur résistance ne fit qu'ajouter un nouveau degré à son élasticité. Privée du numéraire, sa grandeur naissante s'affermit par des conquêtes aussi rapides que brillantes. Les armées républicaines s'avancent de toutes parts, et les émigrés, obligés de fuir devant nos bataillons vainqueurs, dépositaires terribles de la vengeance nationale qui demandait à grands cris la tête de ces fugitifs, auteurs de toutes les calamités qui avaient désolé notre patrie, cherchent à se mettre à l'abri de la loi qui les proscrit avec tant de précipitation, qu'ils sèment l'épouvante dans toutes les villes qui leur servent de passage.

Mayence eut à peine le tems de les entrevoir. Ils n'osèrent pas se confier aux épaisses murailles de cette ville ; ils inspirèrent leur effroi à quelques-uns des habitans qui s'empressèrent de suivre leurs traces ; bientôt l'armée républicaine vint l'investir, et l'on sait quel fut, à cette époque, le succès de ses armes.

A Cologne, la foule des fuyards fut telle que la plus grande partie fut obligée de coucher dans les granges, les écuries, au milieu des cours, des rues et des places publiques : couverts de tristes haillons, la plupart de ces malheureux n'inspirèrent qu'une pitié froide et stérile ; quelques femmes trouvèrent un asyle dans les hôtelleries ; elles s'y reposèrent pendant deux ou trois jours, entre autres la marquise de Pollignac, la marquise de Titon, la marquise de la Quielle, la comtesse d'Harcourt, la comtesse de Montfort, la marquise de la Gallissonnière, la comtesse de la Rochefoucault, la marquise de Vigneron, les baronnes de Vérani, (mère et fille), la comtesse de Tessé, madame de Montmorenci, la baronne de Moriac, la comtesse de Balleroy, la marquise de Villamblin, la comtesse de Lauraguais, la marquise de la Seay, la duchesse de Bouillon : au bout de ce terme on leur demanda les frais de leurs dépenses; une grande partie n'eut que des larmes à donner en paiement ; d'autres furent ignominieusement dépouillées et chassées.

Ce qui est à remarquer, c'est que trente à quarante prêtres ne quittaient pas ces femmes, entre autres l'abbé de l'Ostange, l'abbé de Montazet, Latour, archevêque d'Auches, l'abbé de Lantillac, comte de Lyon, de Juigné, archevêque de Paris, l'abbé Arnautd, Beaupré, évêque de Carpentras, l'abbé de Vaustrazelle, Cicé, archevêque de Bordeaux, Breteuil, évêque de Montauban; ces prélats disaient tous les jours la messe, soit dans une plaine, soit dans des cours, dans des étables.

La comtesse du Boccage qui, dans les beaux jours de ses espérances, s'était distinguée par sa grande dépense dans une hôtellerie de cette ville, tenue par un de ses anciens domestiques, originaire d'Allemagne, sans argent et épuisée par une marche pénible, ne sachant où se mettre à couvert pendant la nuit, se hasarda de venir frapper à la porte, dans l'instant ou les gens de la maison étaient sur le point de se coucher ; on demande qui frappe ? d'une voix faible et tremblante elle déclare son nom : on hésite ; on ouvre ; et la malheureuse comtesse, expirante de lassitude et de faim, vint presqu'en rampant aux pieds de l'hôte lui demander par grâce quelques légers secours, et un coin dans sa maison pour y reposer. Quelques restes d'anciens égards pour cette femme qui n'aguère avait fait beaucoup de dépense chez eux la firent accueillir pour cette nuit.

Le départ de toutes ces femmes fut accompagné de tous les signes du désespoir ; dénuées de tous moyens de subsistance, elles allaient au hasard dans le fond de l'Allemagne, sans avoir aucune retraite sûre : plusieurs avaient pour cortège leurs domestiques portant leurs enfans entre leurs bras, et quelques êtres qu'elles avaient engagés à fuir leur patrie ; mais ce n'étaient plus ces personnes qui par leurs attentions serviles annonçaient la puissance de leurs maîtresses. Dans cet instant elles réunissaient leurs voix pour les accabler des reproches les plus durs ; toutes les accusaient de leur misère, les rendaient responsables devant Dieu et les hommes de leur avoir fait quitter la France, sous l'appât des plus séduisantes promesses. On voyait une d'elles, la comtesse de Tracy, l'oeil égaré et d'un pas précipité, marcher à la tête de son ancienne maison qui vomissait contre elle les injures les plus atroces. *Elle a beau courir*, disait l'une, en hâtant son pas, *nous la trouverons, fut-elle au centre de la terre! Ses hardes sont meilleures que les nôtres*, ajoutaient quelques autres, il faut *qu'elle fasse un échange avec nous. Madame veut-elle qu'on mette ses chevaux à sa voiture? que veut madame pour dîner? madame ira-t-elle au bal ce soir? qu'elle robe mettra-t-elle?* Tous ces propos et d'autres encore plus humilians l'accompagnèrent jusqu'au dehors de la ville. La, cette malheureuse au milieu des angoisses de l'opprobre et de la douleur, s'assit au bord du chemin, toutes ces furies l'entourent aussstôt, redoublent leurs cris, la frappent, lui enlèvent les meilleures hardes, la couvrent de boue et d'ordures, et la laissent presque sans sentimens. Quelques paysans voisins pleins de compassion la relevèrent, et la portèrent dans leurs hameaux, où ils lui donnèrent tous les secours que leur pauvreté leur permettait.

Madame de Botherel, était tellement obérée par le besoin, qu'elle abandonna à Cologne, à la pitié publique, sans doute en versant un torrent de larmes, un enfant unique, âgé de quatre ans : les cris de la malheureuse victime des préjugés des auteurs de ses jours se firent entendre toute la journée dans les rues de Cologne : enfin la défaillance la jeta pour ainsi dire par terre, à la porte d'un marchand assez aisé : le peuple se rassemble autour de cet enfant ; le marchand sort, le considère quelque tems, il l'enlève enfin les larmes aux yeux et le porte à sa femme : Tiens, dit-il, la providence nous a privé du bonheur d'avoir des enfans, voici un malheureux orphelin qu'elle nous envoie ; tu l'aimeras comme je l'aime déjà, tu le regarderas comme ton fils. Ces deux époux le couvrent de leurs baisers. Le jeune innocent leur tend les bras en versant des larmes, et ce geste que la reconnaissanc semblait lui arracher, achève d'attendrir ses parens adoptifs.

Ce n'était pas le premier exemple de ces scènes de désolation. On avait vu deux de ces infortunées, forcées de quitter Maestricht sans savoir où porter leurs pas, dans un moment où elles étaient prêtes d'accoucher : pressées par la douleur, la misère et le désespoir, elles se reposaient à chaque pas, implorant les secours de leurs infortunés compagnons, que leur propre salut rendait sourds à leurs larmes : de pauvres paysans émus de compassion leur offrirent un asyle : trop heureuses encore, manquant de tout ce que le luxe et les commodités de la vie leur avaient fait regarder comme objet d'utilité, de trouver un abri contre les injures de l'air et les reproches d'une de leurs femmes-de-chambre, qui prit à tâche d'accompagner son ancienne maîtresse, jusqu'au moment où ces charitables habitans, l'engagèrent de se retirer en l'invitant de la menager dans une circonstance où elle méritait la compassion générale! Vous avez raison, répondit cette domestique, ayez compassion d'elle, car elle n'aurait eu aucuns secours de moi; qu'elle se rappelle aujourd'hui les belles paroles qu'elle m'a si souvent répétées pour que je la suive; voyez dans quel état elle me met : perfide, s'écria-t-elle, ici avec fureur, le ciel te punira! Les paysans fermèrent leur porte, et la femme-de-chambre ne cessa de répéter à haute voix mille grossières injures qui faisaient frémir à chaque instant son ancienne maîtresse.

Bientôt les phalanges républicaines pourchassent au loin cette nuée d'ennemis, qui, pendant quelques instans, avaient envahis ce pays. Nieuport avait succombé sous leurs armes : cette ville fut alors une scène de massacres et de calamités, dont les témoins oculaires ont eu si long-tems l'imagination frappée qu'ils né pouvaient se les retracer sans frémir d'horreur. Les émigrés qui composaient une partie de la garnison de cette place éprouvèrent un sort si terrible, que ceux d'entr'eux qui étaient parvenus à s'échapper en se précipitant dans la mer, était moins sensibles au bonheur d'avoir conservé leur propre vie, qu'au souvenir de la mort cruelle, qu'avaient éprouvée leurs infortunés compagnons.

Ces émigrés composaient une légion, dite de Rohan : ayant été entièrement défaite entre Fribourg et Bamberg, elle fut obligée de se réfugier à Friberg, détestée de l'armée autrichienne, exécrée de tous les peuples d'Allemagne. L'empereur, en la prenant à sa solde, la mit un peu à couvert du mépris public.

Cette fameuse légion qui a singulièrement figuré dans l'armée de nos ennemis, était, comme nous l'avons dit, toute composée d'émigrés. D'anciens officiers du premier rang étaient fort heureux d'y obtenir un grade de brigadier, de maréchal des logis. En apprenant que les préliminaires de la paix étaient signés avec l'Allemagne, tous donnèrent les marques du plus grand désespoir ; les uns brisaient leurs armes, d'autres versaient des larmes, enfin le plus grand nombre se laissait aller aux plus violentes imprécations : *nous sommes sacrifiés, nous sommes perdus!* tels étaient les cris plaintifs qui s'élevaient du milieu de leurs escadrons.

Mais comment concilier les mouvemens d'affection que la nature leur arracha de tems à autres en faveur d'un pays dont ils avaient juré la perte ? Dans une circonstance où l'armée républicaine poursuivait vigoureusement et les allemands et les émigrés : le chevalier Dagis maréchal des logis de cette légion de Rohan ne put s'empêcher de sourire aux triomphes qui honorait le nom français : *eh bien*, dit-il, à un officier autrichien distingué : *c'est pourtant notre armée qui vous mène comme cela*. Notre armée ! O inconcevable cœur humain !

On les voyait se transporter avec empressement au-devant des prisonniers Français ; là, ils s'informaient, s'il n'en existait pas qui fussent de leurs cantons : tant il est vrai que la nature a gravé dans nos coeurs cet amour pour notre patrie, que rien ne saurait altérer !

Une jeune française de 18 ans, qui était avec ses parens à Bamberg, ne cessait de venir tous les jours, dans l'endroit où se rassemblait

une

une quantité de prisonniers ; elle chercha à se trouver avec quelques-uns d'entr'eux, et à la fin elle leur avoua qu'elle était fille d'un comte émigré ; que malgré la grande fortune que ses parens avaient laissée en France, elle consentirait volontiers à l'abandonner, pourvu qu'il lui fût permis d'y retourner, dût-elle remplir les emplois les plus vils. *Emmenez-moi avec vous*, disait-elle, à un officier républicain, *je vous servirai de domestique, le reste de mes jours, et j'aurai au moins la satisfaction de vivre dans le sein de ma patrie.*

En 1792, au mois de novembre, environ 1200 domestiques d'émigrés, réunis à Maestrech, adressèrent une pétition au ministre de l'intérieur (Roland), pour rentrer en France, et déclarèrent qu'ils n'avaient quitté la France, que d'après des sollicitations perfides de leurs maîtres, et qu'ils offraient leur bras à la république, en prouvant que jamais ils n'avaient porté les armes contre leur pays ; le ministre Roland prit sur lui de leur renvoyer cette pétition, avec injures et menaces ; au lieu de l'adresser à la convention qui, peut-être, aurait trouvé un moyen pour employer ces 1200 individus repentans.

Un propos des plus étranges fut un jour

tenu par un officier de cette légion, le marquis de Beuveron : la conversation tombe sur la France pendant le souper : « c'est mon pays, dit-il, en vain on veut m'y faire renoncer ; mais je ne mourrai jamais autre part. Je sais qu'une loi rigoureuse me condamne à la mort, mais peu m'importe ».

Voici les noms de plusieurs des comtes, marquis, chevaliers, qui n'avaient que les grades de fourrier, brigadier, caporal, sergent, sous lieutenant, etc.

Le marquis de Vintimille, le comte d'Abzac, le chevalier de Mailly, le chevalier de Martel, le comte de St.-Cernin, le vicomte de Rigal, le chevalier Robert, le chevalier Roblin, le marquis de Savines, le comte de Combourg, le marquis de Sibem, le comte de Beaugy, le comte de Soran, le chevalier Titon, le comte de Veloze, le marquis de Vibray, le comte de Narbonne, le baron de Bondais, le chevalier d'Harcourt, le chevalier de Jumilhac, le chevalier de St.-Cêne, fils du premier président de Dijon, le chevalier la Borde-Mereville, le marquis de Lagrange, monsieur de l'Aurencie, évêque.

Plus d'une fois les émigrés ont reçu des

bienfaits de la part des soldats ou officiers républicains, qu'ils qualifiaient sans cesse du nom de brigands. Le général P...., prisonnier de guerre à Ulm, sur le Danube, dans le cercle de Suabe, y reçut la visite d'un émigré décoré de la croix de Malte ; après lui avoir exposé que, quoique émigré, il n'en était pas moins Français, il ajouta que sa position était des plus tristes. Le général P... se laissa attendrir à son récit, et lui donna une pièce d'or, de 24 l. Ce bienfait lui valut de la part de l'émigré les plus humbles remercimens. Rendu à son auberge, il montra la pièce d'or à ses camarades, en disant : eh bien ! messieurs ; le républicain s'est laissé attendrir, il a l'air d'un bon b...; buvons à sa santé.

Hambourg recéla dans son sein plus de vingt-cinq mille émigrés, qui, pour pourvoir à leur subsistance, employèrent toutes sortes de moyens. Les Hambourgeois crurent d'abord que ces nouveaux hôtes apportaient de l'or ; mais la misère la plus grande les accompagnait ; beaucoup se livrèrent à l'agiot. Ils remplirent cette ville de brigandages. Plusieurs établirent des maisons de banques, de commerce et de loterie, afin de séduire les gens crédules, par l'aspect d'une spéculation chimérique ; les autres demandaient l'aumône à ceux qui paraissaient avoir quelques ressources ; Beaumarchais qui y a demeuré dix-huit mois, dit, que jamais il n'a vu un tableau aussi triste ; lui-même a rendu quelques services à ceux qu'il a si bien ridiculisés dans son Figaro. Il donnait à dîner par charité, trois fois la semaine, à dix à douze ducs ou marquis. Le marquis de Nelle, et son épouse, étaient réduits à ne pouvoir se procurer des souliers ; ils recevaient 24 et même 12 sols d'aumône de différens négocians. Ce marquis lui disait un jour, qu'il changerait bien son sort avec celui de son porteur d'eau de Paris (1). Beaucoup d'émigrés se subtilisaient entr'eux. Plusieurs plaintes en ont été portées devant le juge. Le marquis de Gamache, le comte de la Coste, le marquis de la Vigne, le marquis de Goulfier, de Villiers, conseiller au parlement, le marquis d'Epinay, le comte de Pignerol, le marquis d'Apcher, le baron d'Ani, ne vivaient que de

---

(1) Ce marquis de Nelle, est celui à qui appartenait ce superbe hôtel en face du pont des Tuileries à Paris. Mais n'oublions pas le nommé *Rainville*, adjudant-général de Dumourier, qui s'était établi restaurateur. Ce général fournissait les fonds nécessaires ; il était encore intéressé dans plusieurs maisons de jeu, et même de femmes publiques.

ce que leur payaient les autres émigrés, pour des commissions qu'ils leur faisaient faire. Le marquis d'Aucourt, le comte de Touchan, le vicomte de Soulès, le chevalier du Tilleul, et un nommé du Croisy, étaient porte-faix dans le port ; ces deux derniers portaient toujours leurs croix de Saint-Louis; le consul de France obtint de la leur faire quitter. Le ci-devant noble Lorvaranges fils, s'était placé chez un épicier en qualité de garçon ; le marquis de Charôts et le baron Dupin faisaient le métier d'écrivain ; l'abbé Cicé, évêque d'Auxerre, gagnait son dîné, en donnant tous les jours des leçons de géographie chez un maître de pension ; l'abbé Geoffroy, le dominicain Gerbaux, vendaient des chansons sur les places publiques ; un archevêque, dont on n'a pu savoir le nom, avait établi une petite échope, où il faisait des écritures pour le public. Toutes les âmes dévotes avaient recours à lui, parce que, dans ces momens de désoeuvrement, il priait toujours Dieu, ayant les mains jointes sur son bureau ; d'autres prêtres disaient la bonne aventure ; un nommé Pelicot était décrotteur sur le port ; il y avait aussi plusieurs maisons de prostituées, composées des plus jeunes filles ou femmes nobles. Nous tairons leurs nous, par respect pour le malheur (1). D'autres plus vertueuses ou plus vieilles, étaient garde-malades, blanchisseuses, ouvrières en modes. Mademoiselle de Couchant, âgée de 20 ans, avait obtenu un grand succès, tant par son exactitude, que par son honnêteté dans le commerce des modes ; mademoiselle de la Tré-mouille était fille de boutique chez elle.

Beaucoup d'autres marquises, comtesses, baronnes, avaient des petits étalages dans les rues, pour vendre des chiffons, du vieux linge et des hardes de femmes.

---

(1) Voici un fait qui mérite d'occuper une place dans cet ouvrage, qui nous a été garanti par l'auteur même.

Un marchand de Paris, étant à Hambourg pour son commerce, monta dans l'une de ces maisons. Il reconnaît une marquise de la rue du bac à Paris, a qui il avait fourni des marchandises, et qui l'avait fait mettre à la porte, parce qu'il venait demander le montant de ses fournitures. Cette femme, surprise de cette rencontre, et ne sachant quel parti prendre, affecta de se trouver mal ; une autre femme se présente, en disant à l'étranger de Paris : monsieur, mademoiselle Eugénie, comme vous l'avez vu, est indisposée. Je peux vous tenir compagnie. Ce négociant déclara, qu'il était amoureux de mademoiselle Eugénie, et qu'il ne ferait pas d'autre conquête à Hambourg ; il persista en menaçant de faire du bruit, si elle s'obstinait à ne pas reparaître ; il fallut que la marquise céda à l'empressement du Parisien....

La comtesse de Beauchamp, la marquise de Damas, étaient comédiennes ; ayant été reconnues par des Français, le jour où elles jouaient dans *les Précieuses ridicules*, les Français affectèrent, à leur égard, quelques applications si ironiques, que l'une d'elles se trouva mal dans les coulisses, et ne voulut jamais reparaître sur la scène. Mademoiselle Anglanciere fit un excellent mariage ; elle épousa un négociant, qui l'a emmenée en Amérique. Le peuple de Hambourg était si accoutumé à entendre nommer des comtes, des marquis, des duchesses, des baronnes, des marquises, que, pour s'amuser, il qualifiait tels tous les marchands étaleurs, jusqu'aux décrotteurs.

Il n'y a pas de mortification que cette caste proscrite n'ait éprouvée. Les émigrés artisans ont été bien moins malheureux, presque tous se sont procuré de l'occupation, à l'exception des domestiques, qui étaient tous les jours à la porte de leurs anciens maîtres, soit pour leur demander des secours ou pour les invectiver, en leur reprochant de les avoir trompés en les déterminant à émigrer.

Madame la comtesse de Laqueuille, étant sur le point d'accoucher, se trouva tellement dans la détresse, qu'elle risquait de périr, si la femme charitable qui l'avait accueillie, ne s'était déterminée à faire une quête pour venir à son secours. Un archevêque travaillait dans les carrières. On a vu un cordon bleu porter de l'eau ; d'autres nobles faisaient le métier de terrassier et de jardinier.

L'Allemagne ne fut pas la seule retraite des émigrés ; tous les pays qui avoisinent la France, l'Angleterre même, leur a servi d'asile : mais partout fêtés dans les brillans jours de leur luxe et de leur profusion, le mépris et l'exil les a suivis de près, dès l'instant où ils ont commencé à tomber dans l'indigence. La Suisse, dont la neutralité parut être un effet de sa profonde politique, en offrant un passage et une communication facile avec toute l'Allemagne, avait bien prévu qu'elle serait le canal par où couleraient toutes nos richesses. Les émigrés y trouvèrent sûreté et protection. La seule ville de Constance en contenait plus de six mille ; on y donnait bal, concert, redoute, comédie, où assistaient régulièrement les émigrés autant de fois que leur fortune le leur permettaient. Mais dès qu'ils étaient sans ressource, ils se contentaient de se rendre dans les églises pour y entendre les vêpres et le sermon. C'était tellement affaire d'habitude parmi eux, que lorsqu'ils se demandaient alternativement où ils passaient leur après dîné, s'ils disaient qu'ils allaient à vêpres, cela signifiait qu'ils étaient sans le sou. L'on a remarqué qu'ils ne se donnaient pas réciproquement des secours; chacun vivait de ses propres ressources. Plusieurs émigrés décorés de croix de St.-Louis, de cordons rouges, étaient forcés de travailler aux arts mécaniques. On a vu le marquis de Fraisinet, décoré d'une croix, travailler chez un tisserand; le comte de Pignerol, tenait les livres chez un négociant. D'autres servaient chez des restaurateurs; la haute noblesse, surtout ceux qui avaient de l'argent, faisaient quelques charités aux simples gentilshommes, et aux prêtres du *bas clergé*, comme ils auraient fait à tous autres pauvres. La fille du comte St.-Sauveur faisait l'état de couturière, et avait pour ouvrières plusieurs femmes nobles. D'autres émigrés s'occupaient à l'agiotage sur les billets que les nobles se souscrivaient entre eux. Ceux des émigrés qui résidaient à Bâle en Suisse se livrèrent également à l'agiot; ils y imprimèrent un caractère des plus déshonorant. Le nommé Landre qui tient à Bâle l'auberge où pend pour enseigne la *Cigogne*, avait prêté une somme de 5o mille livres en or, pour 100 mille livres assignats. Cette dernière somme lui fut ponctuellement rendue, mais on lui remit des assignats faux.

Cette voie criminelle de se procurer de l'argent, n'a-t-elle pas aussi été employée par le prétendant? Des émigrés lui prêtèrent 200 mille livres en assignats ; il fut très-ponctuel à liquider sa dette, mais elle s'effectua en billets faux.

La paix, en rapprochant nos intérêts avec ceux de l'Allemagne, acheva de faire perdre aux émigrés, le peu d'égards que la simple pitié leur laissait. La majeure partie fut envoyée dans la Volhinie (voir la description, tome 1, deuxième partie), province de la ci-devant Pologne. Ce pays, par la beauté et la fertilité de son sol, pouvait leur rappeler encore leur ancienne patrie. Mais plusieurs de ces hommes à qui les revers auraient dû donner plus d'expérience, plus de circonspection, se firent un mérite d'afficher cette arrogance, ce dédain, qui, jusqu'à ce jour, leur avait valu autant d'ennemis, que de peuples chez lesquels ils s'étaient tour-à-tour réfugiés ; comme si c'eût été l'écume de cette nuée de fuyards, ils y portèrent ces vices honteux qu'ils avaient puisés dans les lieux de prostitution, qu'un gouvernement corrompu tolérait dans notre capitale. Séduire les vierges, troubler le repos des époux, et par cette voie augmenter leurs moyens d'existence ; telle a été l'esquisse de la conduite de plusieurs. Les époux, les pères de famille dont l'honneur et la fortune étaient également menacés, murmurèrent hautement contre ces *insolens étrangers*. Le gouvernement Russe qui venait de s'approprier cette province, jaloux de s'affectionner ses nouveaux sujets, ne crut pas devoir les irriter aux dépens des émigrés. Un ordre de la cour les éloigna bientôt de cette contrée, et les relégua dans Archangel et le Kamtchatka (1), contrée des plus septentrionales de la Sibérie (2), dépendante du gouvernement d'Archangel (3) ; et il ne resta dans la Volhinie que les débris de l'hôpital ambulant de l'armée de Condé. Là, au milieu des glaces et des frimats du nord, n'ayant pour compagnons que de malheureux exilés, où les Sauvages naturels, n'usant que de mets grossiers et dégoûtans ; ils doivent gémir sans doute d'avoir abandonné leur patrie. C'est là le terme, où plutôt le tombeau de leurs funestes espérances, et de leur grandeur passée.

---

(1) Voir la description, tome premier, deuxième partie, page 17 et suiv.
(2) Voir la description, tome 2, page 1 et suiv.
(3) Voir la description, tome 2, page 132 et suiv.

Cependant la Russie distingua dans cette proscription, disent les gazettes allemandes, ceux des émigrés qui étaient dans le cas de porter les armes, et qui possédaient quelques talens militaires : elle crut devoir à cette époque réorganiser l'armée de Condé ; on l'a divisa en quatre parties. La première composée de nobles, commandée par Condé ; la deuxième de cavaliers nobles, sous les ordres du duc de Berry ; la troisième d'infanterie soldée, sous le commandement du duc de Bourbon ; et la quatrième d'une légion de différens corps, sous les ordres du duc d'Enghien. Les uniformes étaient verts, paremens noirs et doublure rouge, veste et culotte blanches. Les cavaliers et chasseurs nobles se distinguaient par des galons d'or. A cette même époque on faisait à Mittau, dans la Semigalie, dépendante du duché de Courlande, de grands préparatifs pour la réception du prétendant. Les bourgeois de la ville étaient tenus de fournir mille chaises, cent lits, et trente tables. On y disposait même une église catholique à l'usage du monarque *in partibus*, qu'on appelait toujours *Louis XVIII*.

Mais ces gazettes allemandes, méritent d'autant moins de confiance, qu'elles ont toujours fait preuve, à l'égard des émigrés, d'une contradiction, et d'une partialité qui doivent mettre en garde tout homme qui est ami de la vérité.

Noms de plusieurs de ceux qui s'étaient réfugiés dans la Volhinie, dont un grand nombre avec leurs femmes :

Le comte de Viella, le marquis de Langonnay, le marquis de Jenières, le comte de Brion, le marquis de Ballan, M. de Parage, le marquis de Rigaud, le vicomte de la Rochechouart, le marquis de Sabran, monsieur de Sommery, le marquis de Thezan, le marquis de Tragin, le comte de Valmont.

Noms de quelques femmes, dont les maris ont été tués, et qui ont suivis à Kamchatka les autres émigrés :

Madame Dionis, la comtesse de Brionne, la comtesse de la Rochelambert, la marquise de Bellanger, la marquise de St.-Chamant, la marquise de St.-Aignan, la comtesse de Vignacourt, la fille du baron Dani, la comtesse de l'Ostange, la vicomtesse de Rezé, la marquise d'Anjou, la comtesse de Touchan, la comtesse de Soulès, etc., ect., etc.

Quel ne doit pas être l'étonnement de ces

émigrés dans le profond abyme où ils sont plongés, et à la vue de cette nouvelle Europe, si différente de leurs principes et de l'état où ils la voulaient? Qu'ils l'a parcourent rapidement; elle leur est presque étrangère. Ils ne trouveront plus un pays où ils puissent y parler leur langage. Ils n'y trouveront plus ni les mêmes mœurs, ni les mêmes coutumes, ni les mêmes gouvernemens.

Le Colosse asiatique avancé jusqu'à la vistule; Varsovie devenue résidence d'un gouvernement Prussien; l'Autriche, puissance maritime par l'acquisition de Venise; le Stathouderat détruit; l'union d'Utrecht dissoute; près du Pô, une nouvelle République qui, dès son berceau, figure parmi les puissances de l'Europe; Gênes sans patriciat et républicaine; la Savoye et Nice, soustraites au roi de Sardaigne; la Belgique, Milan et Mantoue, enlevés à l'empereur; les pays en deça du Rhin, perdus pour l'Allemagne, et par conséquent son antique constitution près de subir un changement total, d'autant plus aisé à effectuer, qu'elle n'offre plus qu'un assemblage de parties hétérogènes, bien faiblement unies.

Toutes ces formes nouvelles adaptées à l'Europe depuis quelques années; la Russie gagnant tous les jours vers le midi ; la Prusse reculant de plus en plus ses frontières ; tout un grand royaume, et la plus ancienne république anéantis ; un échange de pays qui transforme le Polonais en Russe ou Prussien, qui rend le Vénitien sujet de l'Autriche, le Lombard républicain, et l'habitant du Brisgaw vassal de Modène. Les aristocraties de la Suisse détruites ; l'île de Malthe républicanisée ; les tyrans de l'Egypte anéantis, le commerce de l'Inde à la veille d'être libre ; l'Irlande, secourue par les Français, luttans avec de nouveaux succès contre le despotisme : tous ces changemens, autrefois effets gradués, doux et peu sensibles des siècles lents à s'écouler, sont devenus l'ouvrage d'un petit nombre d'années.

Le Rhin seul, dans la vaste étendue de son cours, et le sommet des Alpes forment les limites de la France du côté du continent. De ces bornes jusqu'aux Pyrénées, dans toute cette immensité de plaines, il n'y a plus une seule motte de terre qui ne soit propriété française. Non-contente de s'être rendue plus inattaquable et plus terrible que ne fut jamais aucune nation, la France a jeté autour d'elle une ceinture de républiques, réformées ou créées à sa manière par elle : au nord la *Batave*, au midi la *Ligurienne* et la *Cisalpine*; et tout ceci s'est opéré dans l'instant où on croyait la France tellement épuisée qu'on ne la comptait presque pour rien dans la balance politique; où ses ennemis annonçaient publiquement son influence anéantie; où l'un des plus célèbres publicistes de l'Angleterre ne voyait à la place de la France qu'*un grand vide sur la carte.*

A cette même époque le Français était armé d'une formule inconnue et presque magique : liberté, égalité, s'était-il s'écrié ; et en moins de six ans plus de quarante millions d'individus des cent quarante-six que l'Europe renferme, répètent ses paroles avec enthousiasme, et forment, tant pour l'attaque que pour la défense, non-seulement une alliance, mais même, dans la stricte acception du terme, une seule nation. Quel poids, quelle impulsion une masse pareille n'a-t-elle pas donné à l'Europe? Il n'est point de puissance dans la plus haute antiquité qui lui ait été semblable. La force réelle de l'ancienne Rome résidait dans la seule Italie : son pouvoir sur le reste du monde était précaire, contraire à la nature, et fondé sur la stupidité des autres nations. Les siécles derniers voyent les sombres plans des Philippe, des Ferdinand et des Louis entravés, non-seulement par la défiance

de

de tous les cabinets, mais encore par la haîne du genre-humain; et cette haîne les fit échouer. Mais les rois qui s'étaient armés contre le géant républicain n'ont-ils pas été forcés de contracter une alliance avec lui, même en se dépouillant d'une partie de leurs états? O France! quelle sera ta gloire si tu sais la conserver! tu recouvreras avec le repos une nouvelle vie, et une force que tu as jusques ici méconnue.

Les émigrés en se retirant en Angleterre, y trouvèrent plus de misères, de malheurs et de dangers que dans leur propre patrie; ils éprouvèrent ces différentes catastrophes avec tant de barbarie, que la plus noire perfidie semble avoir guidé les Anglais, dans toutes les circonstances où leurs tentatives contre la France ont été arrosées du sang de ces malheureux. La guerre de la Vendée était portée à son plus haut point d'horreur. L'Anglais qui ne cherchait qu'à éterniser notre destruction, bien loin de montrer cette franchise, cette loyauté pour ce parti, qu'il avait jusques alors alimenté selon son intérêt, déposé sur la place de Quiberon six mille d'entre eux: six mille hommes aguerris; ne respirant que la vengeance; pouvaient, en s'unissant aux armées

Tome I. Première Partie. E

victorieuses des Charrette, des Stoflet, etc. porter un coup décisif contre la république, et ôter aux Anglais l'espoir de profiter de nos dépouilles, de jouir avec volupté de nos convulsions agonisantes ; ces Anglais, disons nous, s'écartent en mer, au moment où nos troupes attaquent et foudroient avec courage Quibéron : peut-être par une position différente, ils auraient pu couper le chemin à notre armée ; il ne dépendait peut être que d'eux de secourir cette ville, où au moins de recevoir dans leurs vaisseaux ceux des émigrés qui étaient sur le point de tomber sous la hache républicaine ; mais bien loin de prendre ce parti que commandait l'humanité en faveur de ceux qu'ils avaient mis à terre, avec promesse de les secourir ; ils pointèrent leur artillerie contre eux, et augmentèrent le carnage qu'y occasionnaient déjà les batteries de notre armée.

Le même esprit de perfidie les a dirigés lors du siége de Toulon : tous ceux qu'ils reçurent sur leur flotte, furent abandonnés sur les côtes de Gênes, de la Corse, etc. ; abandon qui fut effectué après qu'on les eut inhumainement dépouillés de tout le numéraire qu'ils possédaient, de leurs bijoux et de leurs hardes les plus précieuses ; par la suite errants dans toutes les contrées de l'Italie, et forcés de changer de domicile, à mesure que les progrès de notre armée leur faisaient tout appréhender pour leur sûreté ; ils se réfugièrent enfin à Astie en Piémont, où l'on en comptait plus de quatre mille.

Si dans la Suisse, dans l'Espagne, en Italie, dans la Belgique, en Allemagne, avant la conquête d'une partie de ces pays et les alliances contractées avec les puissances ; si, disons-nous, il s'y est élevé quelques sentimens d'humanité en faveur des émigrés ; on ne doit pas s'attendre, après ce que nous venons de rapporter de l'Angleterre à leur égard, que ceux d'entre eux qui se sont réfugiés dans cette île, ayent éprouvé la moindre consolation ; en fixant l'attention du gouvernement, que pour tout ce qui concernait une surveillance immédiate (1), ils ont été livrés

---

(1) Ce qui étonnera sans doute le lecteur, c'est d'apprendre que le Noir, ex-lieutenant de police de Paris, a été chargé secrétement par le gouvernement anglais de parcourir les trois royaumes, pour s'instruire des différens mouvemens qui peuvent y arriver, et surveiller les français émigrés. Il avait précédemment servi le gouvernement Suisse.

à leurs seules ressources : si l'on en excepte quelques-uns, qui reçoivent une somme de vingt sous de France par jour, somme trop modique dans Londres, où les vivres sont d'un plus haut prix qu'en France : trop heureux ceux qui ont su profiter de leur éducation! tel que le marquis de Barentin qui a trouvé le moyen de se placer chez un banquier en qualité de commis. Ceux qui possédaient les arts d'agrémens, tels que la danse, la musique, trouvent encore dans ces différens talens, un remède contre la misère. Le marquis de l'Ostange et le marquis de Laroche-Lambert, figurent sur un théâtre. Le comte d'Orlan a trouvé le moyen de se faire agréer dans les meilleures maisons de Londres, où il donne des leçons de musique vocale. Et le chevalier Doria, retiré dans une petite boutique, vit tous les jours du produit de ce qu'il gagne en travaillant au tour. Monsieur de Bourblanc, procureur-général du parlement de Bretagne, fait et vend des violons.

Tout le monde sait que le comte d'Artois, poursuivi vigoureusement par ses créanciers, a été obligé de prendre la fuite; ce fameux chevalier Français, et le prétendant son frère, se sont toujours éloignés du théâtre de la guerre; bien loin de prendre les armes, et de se mettre à la tête de ceux qui combattaient pour leur cause, ils conservèrent les anciennes habitudes de la cour, passant alternativement de la table à leurs boudoirs.

Ceux des émigrés que la faiblesse et l'indulgence de leurs parens priva des moindres lumières, exercent en Angleterre les emplois les plus pénibles. Le chevalier Anselme a été forcé d'entrer chez un limonadier en qualité de garçon; un autre, le marquis de Montazet, vêtu chaque jour d'un surtout gras et huileux, parcourt les rues de Londres, pour y nettoyer et allumer les reverbères. Ceux enfin qui ne rougissent point de s'employer aux travaux même les plus bas ne manquent ni de pain ni d'occupation, attendu en outre qu'ils acceptent ces emplois à plus bas prix que les naturels du pays.

Mais le gouvernement Anglais qui souffre avec peine de pareils hôtes, semble saisir cette occasion pour exciter le peuple contre eux: il crie hautement que les Français, lui enlèvent sa subsistance. C'est sans doute d'après ces plaintes qu'il s'est décidé à en envoyer plus de 480 au Canada près de Montreal, où on leur a distribué une grande quantité de terrain. (Voyez tom. II. page 184, la description.)

Le chevalier d'Autichamp, le comte de Puisaye, sont partis à la tête de ce détachement : on compte parmi les émigrés de leur suite, un Bigot officier de carabiniers; un baron de Narbonne, un Nau conseiller au châtelet de Paris, un Naudot médecin de Montauban, un Roux des Bouches-du-Rhône, Salignac fils, ancien chevaux-légers; le marquis de Surville, Le curé Lefebvre, Laferrière, Clinchamps officier de marine, Collard chevalier de St.-Louis, Brochand de Crépy, Cambis de Paris, le curé Chevreux, l'ingénieur Chiéra, Cicé capitaine au régiment du ci-devant roi, Clercy capitaine, le comte de Dierdaman, le chevalier Doria, le comte d'Orlan, le marquis de Dalligny, le chevalier Chabot, Brocard conseiller au parlement, le marquis de Beuveron, le marquis de Benvier, le marquis de Béthune, le marquis de Belzunce, le chevalier de Belmont, le comte de Belleville, le marquis de Laroche-Lambert, le marquis de l'Ostange, l'évêque de Rennes, le marquis de Barentin, Barentin garde des sceaux, d'Auteroche évêque de Condoms, le chevalier d'Audiffret, le chevalier Arnault fils, le chevalier Anselme, le comte de Damas, le comte d'Aigremont, le bénédictin Fosse, le prêtre Dubos, Louis Duplessis d'Argentré, Duprat-Emangard, l'officier de marine Flotte; les femmes Choiseul, Clédié, et la ci-devant princesse d'Henin, la fille Denissan, la comtesse d'Harcourt, la marquise de Périgord, et une foule d'autres femmes. Un grand nombre d'émigrés des deux sexes, avaient passé antérieurement dans l'Amérique avec les émigrés Belges et Hollandais, ce qui a augmenté considérablement la population de ce pays.

Il ne suffisait pas au gouvernement français, témoin des larmes que l'on versait sur la tombe de nos défenseurs, de réparer tant de pertes et de venger la patrie éplorée, en poursuivant à toute outrance les premiers auteurs de tant de désastres jusques dans leurs derniers retranchemens; il n'a voulu contracter aucune alliance avec les puissances belligérantes, sans leur imposer pour principale loi l'expulsion totale des émigrés.

Le 25 floréal an 3, le traité de paix avec la république Batave, porte expressément, article 22 : « La république des provinces unies s'engage à ne donner retraite à aucun émigré Français; pareillement la république Française ne donnera point retraite aux émigrés Orangistes.

Celui fait avec le roi Sarde, en date du 28 floreal an 5, porte, article 5 :

« Le roi de Sardaigne s'engage à ne pas permettre aux émigrés ou déportés de la république Française, de s'arrêter ou séjourner dans ses états : il pourra néanmoins retenir à son service les émigrés seulement des départemens du Montblanc et des Alpes Maritimes, tant qu'ils ne donneront aucuns sujets de plaintes par des entreprises ou des manoeuvres tendantes à compromettre la sûreté intérieure de la république. »

On lit dans celui conclu avec le duc de Wirtemberg, le 20 thermidor an 4, art 5 : « S. A. S. s'engage à ne point permettre aux émigrés et prêtres déportés de la république Française, de séjourner dans ses états. »

On lit la même clause dans celui conclu avec le Margrave de Bade, le 5 fructidor, an 4.

Ce Margrave avait accueilli quelques émigrés avec assez d'humanité. Il voulut d'abord qu'ils fussent reçus dans son palais, pour y prendre leurs repas, et il fixa deux auberges où il y aurait tous les jours 25 couverts pour ceux d'entr'eux qui craindraient de se présenter chez lui. Ces émigrés trouvèrent un jour la fille du Margrave avec la Douairière qui étaient dans leur voiture : ils entourèrent aussitôt le carrosse, et après plusieurs éloges, ils voulurent les embrasser au milieu de la rue. Le Margrave instruit de ce fait, fut tellement indigné de leur indécence, qu'il les fit expulser sur-le-champ : le chevalier Dupeiront dit qu'il s'en vengerait; il fut arrêté.

La même clause dans celui conclu avec l'Infant, duc de Parme, le 25 brumaire, an 5.

Le 2 fructidor, an 6, le traité de paix et d'alliance offensive et défensive entre la république Française, et la république Helvétique. Par l'article XIV, les deux républiques s'engagent réciproquement à ne donner aucun asyle aux émigrés ou déportés de chaque nation. Elles s'engagent pareillement à extrader réciproquement, à la première réquisition, les individus de chaque nation qui auraient été déclarés juridiquement coupables de conspiration contre la sûreté intérieure et extérieur de l'état, etc. etc.

La Toscane avait aussi offert aux émigrés un asyle d'autant plus agréable que dans ses principales villes, telles que Livourne et Florence, tout individu peut aller, venir, y former même des établissemens sans que le gouvernement s'inquiette même de savoir quel il est, pourvu qu'il ne trouble point l'ordre public.

Il était aisé, à la faveur de cette tolérance politique, à ces hommes que la misère poursuivait, de prendre toutes sortes d'état, sans craindre de blesser leurs orgueilleux préjugés. Aussi embrassèrent-ils sans aucune réserve toutes les ressources que l'imagination leur présenta, pour subvenir aux premiers besoins de la vie. Epars dans toutes les villes de la Toscane, chacun d'eux se livra aux travaux que les localités et son industrie le rendaient propre à remplir. Mais les femmes à qui l'éducation n'avait laissé l'empreinte d'aucuns talens utiles ou agréables, eurent recours aux voies les plus humiliantes pour arracher un malheureux morceau de pain à la compassion des habitans. On les voyait couvertes de haillons, portant leurs enfans sur les bras, attendre des secours auprès de la porte des plus riches habitans.

Beaucoup de monde ont connu la marquise de Cayrac, qui se piquait d'avoir reçu une brillante éducation ; elle disait un jour à la comtesse de Caraman : « Une femme de ta sorte, déshonore journellement la noblesse Française, par sa vie infâme avec tout ce qu'il y a de plus méprisable dans cette ville » : cette dernière chantait dans les cafés.

Parmi celles qui s'étaient livrées à quelques travaux particuliers, on compte la comtesse de Rothe, qui vendait des légumes sur le marché; on voyait madame de Gontreville, avec un tablier de toile des plus grosses, porter des fruits dans les rues ; mais aucune d'elles n'égalait l'activité de la marquise de Champignelle, qui s'exerçait continuellement à la coiffure, et qui tous les jours obtenait de nouveaux succès ; elle paraissait jouir de quelque aisance. La comtesse de Tondut était, par son économie, parvenue à s'établir marchande lingère ; mais rien n'était comparable à la pétulante Boisgenet ; depuis le matin jusqu'au soir, chargée de paniers, elle courait les rues pour y vendre des légumes : mademoiselle du Fayolle, sa parente, lorsqu'elle la rencontrait, ne la regardait qu'avec mépris : quelques talens dans l'art dramatique l'avaient fait accueillir au spectacle de cette ville, où elle jouissait d'une assez bonne réputation.

A *San-Miniato ad Tedescho*, l'abbé Duplessis sonnait les cloches dans une des paroisses de cette ville ; l'abbé de Lamothe était sacristain dans une autre ; et M. de Barbancourt était un des quatre porteurs de ceux qui mouraient dans l'arrondissement de la paroisse; mademoiselle Paschalli entretenait une petite chapelle ardente en l'honneur de la Vierge, et gagnait sa vie en vendant aux dévots des cantiques spirituels, des oraisons pour tous les saints du pays, et de petits reliquaires, où étaient, disaient-elle, des morceaux de la vraie croix.

Madame de Fumelle était maîtresse d'école dans le bourg de Bibiena.

Dans la petite ville de Citta del Solo, le marquis du Hallay avait à ferme un petit terrain où il cultivait des légumes, dont le bénéfice servait à sa nourriture.

Dans le bourg de *Scarperia*, les chevaliers de la Bastide et Duperoux étaient aux gages d'un coutelier pour y tourner la roue ; mademoiselle de la Bonne venait tous les dimanches balayer les établis, pour ramasser la limaille qu'elle vendait.

A Pistoie, les émigrées Françaises s'y étaient emparé de tous les métiers qui sont du ressort des femmes ; la comtesse d'Eyderi donnait au linge qu'elle blanchissait, un lustre qui lui acquit une infinité de pratiques.

Madame de Fumelle était établie marchande de modes ; madame Chevigné vivait du produit de sa couture ; la marquise de Ballon était coiffeuse pour femme ; mais on ne sait pourquoi madame de Champignelle se mêlait du métier d'accoucheuse.

L'abbé d'Argentré s'était établi médecin ; M. Emonin, président du parlement de Dijon, était huissier dans un tribunal, et le comte d'Espinchal lui servait de clerc ; l'abbé Foucault, archevêque, y vendait des plantes, dites de Suisse, pour les maux de dents ; M. de Fagore, conseiller au parlement, faisait des mémoires pour le public.

Le chevalier de Fontenay et M. de la Blache, le chevalier de Froissard père, et le prince de Ghistel, travaillaient à la journée chez des fabricans d'huile.

Parmi les émigrés de la classe des nobles des deux sexes qui habitaient la Toscane, on comptait mademoiselle Deshuilles, la marquise de Champignelle, madame de Fleury, de Fugerolle, les comtesses de Rothe, de Coulmier, la marquise du Hallay, le marquis de Moi, M. de Tiercent, le duc de Pardaillan, le comte de Montferand, le comte de Manzac, M. de la Ville-Cotrel, le chevalier d'Ancourt, le chevalier de Mont-Chenu, M. de la Motte d'Attincourt, le chevalier Duplessis, le marquis de Richelieu, M. de Bacquincourt, le marquis de Barbançon, le chevalier Dufort fils, le comte de Beuil, le comte de Cely, le marquis d'Epinay, le marquis Duluc, M. de la Blache de Faondas jeune, M. de Chabert, le duc de Fleury, le chevalier de Fontenoy, le baron de Pontlabé, le chevalier de Beauchamp, M. de Boulainvillier, de la Bintinage, le chevalier de Bizen, de Meursault, le marquis de Blanchy, le comte de Chateignier, le chevalier de Ville, de Bec-de-lièvre, M. de Beauval, les abbés Brugnières, Brulatour, Brun, Chabbert, de Cheyllus, de Chambre, l'évêque de Soissons, les abbés de Foublanc, Mareschal, Huguenin, Solere, Schneder, Rudolf, Petit, Obrer, Delmotte de la Roche, Colombert.

Quelques faibles que fussent leurs moyens d'existence, il a cependant fallu quitter ce pays, le grand-duc de Toscane ayant fait publier, depuis peu de tems, un ordre à tous les émigrés Français et Corses, de sortir de ses ports sous dix jours.

Si le roi d'Espagne, proche parent de Louis XVI, ne fut pas contraint, au moment qu'il mit bas les armes, de chasser de son royaume cette foule d'émigrés qui l'infestaient, des considérations de la plus haute importance ne l'ont pas moins décidé à les reléguer dans les îles Canaries (1); quelque tardif que fût l'ordre de la proscription, il n'a pas laissé d'être plus sensible aux émigrés dont la plupart, attachés à cette cour par des titres honorifiques, se croyaient par cette raison, à l'abri d'un si terrible coup : l'Espagne était à leurs yeux une seconde France ; plusieurs y avaient formés des établissemens ; il a fallu tout abandonner pour quitter à jamais cette nouvelle patrie et de nouveaux amis.

Quoique par vanité et par politique, l'empereur de Russie se soit déclaré le protecteur des émigrés, il les craint plus qu'il ne les protège. Viomesnil, en quittant l'Allemagne, reçut l'ordre de passer, dès son arrivée, au Kamtchatka. Il ne faut donc pas croire que les émigrés ayent quelque consistance à Pétersbourg. Personne ne s'occupa de Condé que

---

(1) Voyez son décret et la description de ces îles, tome II, pages 156 et 159.

l'impératrice. Esterhassy qui avait du crédit auprès de Catherine et de son favori, fut, à la mort de cette princesse, exilé en Pologne. Choiseul-Gouffier a été fait directeur de l'académie des arts ; mais il n'a aucune influence dans les affaires : on se borne à lui demander des renseignemens sur l'Archipel qu'il a parcouru.

Après ces exemples, quelle terrible leçon pour toutes les nations ! Ne commande-t-elle pas à tous les hommes, de quelques rangs qu'ils puissent être, de ne jamais abandonner leurs pays, surtout dans l'instant où la nuée révolutionnaire fait briller au loin sa foudre ? C'est alors que tous les sincères amis de la patrie doivent former un faisceau redoutable, pour déjouer les intrigues, les factions qui, planant sur l'hémisphère, préparent le ravage et la destruction.

Si, attachés à leur pays par les fragiles liens de l'intérêt, ils sont assez aveugles pour fuir au loin, et l'abandonner à toutes les angoisses d'une agonie politique, cette même patrie, à sa convalescence, les rejetera de son sein comme des enfans, dont l'ingrate indifférence ne mérite plus qu'une juste indignation.

Bien persuadés de cette vérité, les Suisses,

les

les Italiens, ennemis de l'égalité, ayant présent à leurs yeux les maux qui avaient pesés sur la France par l'émigration de nos nobles, de nos prêtres, etc; bien loin de les imiter, ont juré de rester constamment dans leurs foyers. En vain, les émules de notre ancien systême révolutionnaire ont cherché à les forcer de fuir leur pays, rien n'a ébranlé leur constante résolution.

« Telle chose, disent-ils, qui nous arrive, nous ne sortirons pas de notre pays, dussions-nous être égorgés; nous périrons plutôt sur nos propriétés. Nous détestons notre révolution; si elle est avantageuse, nous en profiterons.

Mais nous n'aurons pas à nous reprocher d'avoir plongé dans un abyme de maux, des femmes, des enfans, qui n'auraient commis d'autres crimes, que d'être soumis à nos volontés : notre pays ne pourra nous reprocher de lui avoir enlevé des bras industrieux, dont les puissances étrangères sauraient faire leur profit. »

Ames sensibles de tous les pays, j'entends retentir les airs de vos voix compatissantes; elles s'élèvent en faveur de cette foule d'individus que la séduction, l'intérêt, l'amitié, l'amour

Tome I. Première Partie. F

conjugal, l'autorité paternelle et la terreur, conduisirent hors de nos frontières. Je me transporte un instant avec vous au milieu de ces déserts affreux, où ils sont aujourd'hui relégués. J'entends cette mère infortunée, que la tendresse maritale attacha sur les pas d'un époux chéri. Depuis quatre ans le sort cruel des armes le lui a enlevé : elle serre, contre son sein flétri par les larmes et la douleur, deux faibles rejetons d'un triste hymen. Malheureux enfans, vous n'avez plus de père,.... vous n'avez plus de patrie.... mais que vois-je ! un léger duvet ombrage à peine leur front. Je lis sur leurs traits faibles et délicats, qu'ils étaient encore dans la plus tendre enfance au moment où on les enleva.

Je porte mes regards sur le sommet d'une haute colline. Une jeune fille y est assise. Cette intéressante beauté n'a pas encore atteint son quatrième lustre. Elle fixe attentivement le point vers lequel on lui a dit qu'était située la France. Bientôt elle grimpe sur la pointe des rochers ; elle s'élève sur ses pieds, afin que sa vue puisse plonger plus loin. Mais son corps affaissé sous ses jambes fatiguées chancelle, et l'avertit que depuis nombre d'instans, elle cherche en vain à découvrir, dans l'horizon lointain, une terre qui semble fuir devant un oeil troublé. Elle détourne, en frémissant, ses regards, et descend tristement. O France ! ô ma patrie, dit-elle ! . . . . Il ne m'est donc plus permis de vous revoir. --- Paroles déchirantes, qui trouvent à peine un passage à travers les soupirs et les sanglots qui la suffoquent.

Quels sont donc les accens plaintifs qui partent de cette misérable hutte ? . . . . Ah ! couvrons d'un voile épais ce tableau de misère et de désolation, et portons nos regards sur les funestes conséquences de leur rappel.

Les royalistes, comme les républicains, quoique leur cause soit bien différente, sont intéressés au maintien du gouvernement actuel ; car s'il arrivait une contre-révolution, les républicains ne seraient-ils pas tous sacrifiés par ceux des émigrés rentrans qui auraient porté les armes contre leur patrie ? Ces mêmes émigrés ne sauraient aucun gré aux nobles restés en France ; ils leur diraient : si vous aviez été les amis des rois, vous nous auriez suivi ; ils leur feraient un crime d'avoir acheté des biens nationaux, d'avoir occupé des places dans la république. Ils reprocheraient aux prêtres restés en France d'avoir prêté le serment de fidélité à cette république ; ils diraient aux nouveaux riches, qui affectent le royalisme, et dont plusieurs veulent se faire passer pour nobles (1) : « Si vous êtes, comme vous le dites, des royalistes, vous ne pouvez nous le prouver, qu'en nous rendant nos terres, nos palais, nos châteaux, dont vous jouissez depuis long-tems. » N'a-t-on pas vu dans le courant de l'an V, des individus assez imprudens, pour se glorifier d'avoir émigré, et porter même l'uniforme de Coblentz ? Déjà celui qui n'osait pas le dire, était proscrit des cercles à la mode.

Mais c'en est fait : un triple mur d'airain nous sépare à jamais de ces hommes qui couvriraient encore la France de sang et de carnage..... Ils ne sont plus.

Passons maintenant à l'histoire politique et naturelle, et à la description des pays peu connus qu'ils sont condamnés à habiter, ainsi qu'à celle des moeurs, usages et coutumes de ces contrées. Nous rapporterons aussi les motifs de l'expulsion des émigrés par différentes puissances, avec nombre d'anecdotes.

---

(1) Les nobles émigrés avaient promis à leur domestiques et aux artisans, qui les avaient suivis, qu'ils les annobliraient en rentrant en France. Mais que les nouveaux riches ne perdent pas de vue le sort que vient d'éprouver la caste privilégiée, dont un grand nombre avaient abusé de leur fortune.

Fin de la première Partie du Tome premier.

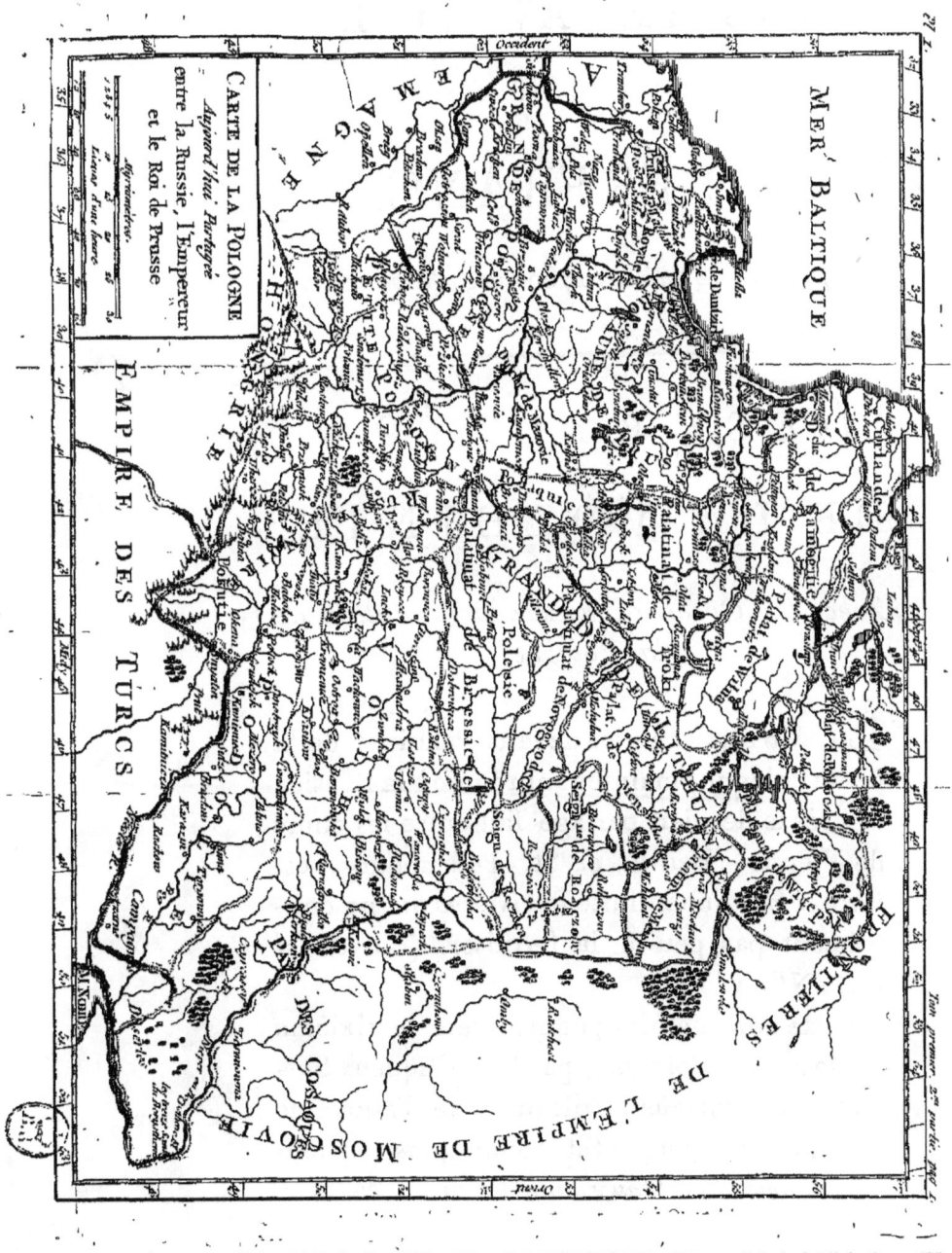

VOYAGES ET AVENTURES

DES

ÉMIGRÉS FRANÇAIS,

Depuis le 14 juillet 1789 jusqu'à ce jour.

DESCRIPTION

DE LA VOLHINIE,

Avec des Observations sur la révolution de la Pologne.

La Volhinie, ci-devant Palatinat de la petite Pologne, maintenant réunie à la Russie, d'après le dernier partage fait entre les cours de Vienne, Berlin, et St.-Pétersbourg, est arrosée par une infinité de rivières qui ne contribuent pas peu à la fertiliser. (Voyez la carte N°. 1.)

Cette contrée fut conquise vers le sixième siécle avec la Pologne, par les belliqueux Sarmates qui sortaient, dit-on, de l'ancienne Colchide. Ce peuple fut connu plus particu-

Tome I. Deuxième Partie. A

VOYAGES ET AVENTURES
DES
ÉMIGRÉS FRANÇAIS,

Depuis le 14 juillet 1789 jusqu'à ce jour.

DESCRIPTION
DE LA VOLHINIE,

Avec des Observations sur la révolution de la Pologne.

La Volhinie, ci-devant Palatinat de la petite Pologne, maintenant réunie à la Russie, d'après le dernier partage fait entre les cours de Vienne, Berlin, et St.-Pétersbourg, est arrosée par une infinité de rivières qui ne contribuent pas peu à la fertiliser. (Voyez la carte N°. 1.)

Cette contrée fut conquise vers le sixième siécle avec la Pologne, par les belliqueux Sarmates qui sortaient, dit-on, de l'ancienne Colchide. Ce peuple fut connu plus particu-

Tome I. Deuxième Partie. A

lièrement par la suite sous le nom de *Slaves* ou *Esclavons*.

Cette province, comme le reste de la Pologne, erra long-tems d'une forme de gouvernement à l'autre : tantôt soumise à ses ducs ou rois, tantôt à des palatins ; mal gouvernée, encore plus mal défendue. Les Tartares y ont souvent porté le ravage et la mort.

Le peuple y était divisé en gentilhommes, en bourgeois et en paysans. Les nobles avaient droit de vie et de mort sur les paysans ; ils agissaient en souverains sur leurs terres. On n'y pouvait lever des impots ni loger des soldats ; leur maison offrait un asile dans lequel aucun magistrat ne pouvait entrer, pour y exercer ses fonctions ; on ne pouvait les poursuivre pour un délit, à moins qu'ils n'eussent déjà été dénoncés pour trois crimes, ou qu'ils ne fussent pris en flagrant délit. Cette puissance locale les rendait maîtres des dignités, des emplois, des richesses ; eux seuls concouraient à l'élection du prince ; ils pouvaient même parvenir au diadême.

Les bourgeois étaient peu estimés, ils ne pouvaient posséder des maisons que dans la ville qu'ils habitaient et quelques terres dans la banlieue. Quand aux paysans, l'esclavage les avait entièrement dégradés : le seigneur pouvait les vendre ; s'il en tuait un, les lois de l'état le condamnaient à quinze livres pour les frais de son enterrement.

La puissance royale fut, dans les premiers tems, sans limites ; le sceptre était même héréditaire ; mais les Polonais ayant voulu choisir leurs chefs, la diète générale qui se tenait dans un vaste champ, près Varsovie, servait aux élections. Les députés qui s'y rassemblaient, étaient nommés dans les diétines particulières de chaque palatinat.

La diète était le souverain en Pologne ; elle faisait les rois et les lois, et quelquefois elle détruisait l'un et l'autre : le roi, une fois nommé, on a élu, dans les derniers tems, par la voie du scrutin, un conseil permanent qui, seul, jouissait de la toute-puissance : le roi ne pouvait faire la guerre, conclure la paix, envoyer des ministres, etc., sans l'agrément de ce conseil. Cette lutte d'autorité, l'intrigue et les factions qui présidaient dans les diètes, l'intelligence secrète de quelques grands du pays avec les puissances voisines, lors des élections, dont ils mendiaient l'appui, afin de parvenir à la royauté, ont fait de ce pays un théâtre de révolutions, que la faction étrangère ourdissait à son gré. Enfin la perfide ambition des grands qui avait déjà attiré l'influence des puissances voisines dans les Diètes et dans le gouvernement, la désunion qui résultait nécessairement de leur intérêt particulier, causèrent le chute de ce malheureux pays.

Les cours de Vienne, de Berlin, et de St.-Pétersbourg, appelées tour-à-tour, et quelquefois ensemble, pour soutenir les différentes prétentions de quelques Palatins; dictant, pour ainsi dire, des lois à la Pologne, par la grande part qu'elles prenaient dans les discussions civiles et dans la guerre, devaient regarder ce pays comme étant déjà une portion de leur domaine. Se croyant égales en droit, elles partagèrent entre elles, en 1772, une partie de cette république. Ce fut le roi de Prusse qui en donna l'idée aux deux autres cours. Depuis long-tems la Prusse Polonaise était l'objet de son ambition. Cette province était d'autant plus à sa bienséance, que, placée entre ses provinces d'Allemagne et la Prusse orientale, elle coupait la communication entre ses états. Les guerres intestines qui désolèrent la Pologne, au nom de la Liberté et de la Religion, en 1769, et la peste qui s'ensuivit, lui fournit un prétexte de faire marcher des troupes sur les frontières, pour occuper la Prusse Polonaise.

L'Autriche, qui jusques-là avait soutenu les Polonais contre la Russie, et qui même avait entamé une négociation avec la Porte contre cette dernière puissance, changea tout-à-coup de mesures, et fit marcher sur les provinces Polonaises, limitrophes de ses états, un corps considérable de troupes. La peste fut encore le prétexte de cette démarche.

Deux partis connus sous le nom de *confédérés* et de *dissidens*, faisaient flotter partout l'étendart de la guerre civile; l'empereur avait secrétement soutenu les premiers. Ainsi l'approche de son armée ne causa aucun ombrage à une partie de la Pologne. L'impératrice de Russie, de son côté, prit part à ce partage en s'emparant des provinces qui se trouvaient à sa bienséance, et l'acte en fut signé entre les trois puissances en février 1772. Le 19 avril 1793, on exigea de la Diète la ratification de ce traité.

La république Polonaise, ainsi démembrée, n'offrait plus qu'une ombre de son ancienne puissance. Le peu de provinces qui avaient consacré leur liberté, sont également devenues la proie de leurs voisins, dans la dernière guerre qu'ils ont faite pour recouvrer leurs droits. La Volhinie, dont nous écrivons particulièrement l'histoire, est devenue le lot de l'Empire. D'abord la Russie s'en était emparé ; mais un nouveau partage ayant été arrêté, elle ne possède plus que quelques bourgs qui touchent à ses frontières.

Cette province est fertile en blé, et produit des bois, où l'on trouve du romarin sauvage, des asperges, et différentes plantes utiles et agréables au goût. Elle a cent vingt lieues de longueur, et soixante de large : son principal commerce consiste en blé. La Polésie la borne au nord, le Palatinat de Kiovie à l'orient, celui de Podolie au midi, et celui de Belz à l'occident. Elle était divisée en deux grands districts, celui de Krzeminiec, et celui de Luck. Ce Palatinat est arrosé entr'autres par trois rivières qui y prennent leur source, et qui ont toutes trois leur cours vers le nord; ce sont le Ster, l'Horin et le Stuez. Gedimin, grand duc de Lithuanie, unit la Volhinie à ses états en 1319. Casimir, roi de Pologne, l'ayant envahie en 1365 sur Kyestat, fils de Gedimin, ce dernier la reprit, ce qui causa une guerre violente entre les Polonais et les Lithuaniens. Elle fut donnée par le roi Vladislas à Sigismond, frère de Vitold, grand duc de Lithuanie, à condition qu'elle reviendrait à la couronne après la mort de ce prince. Casimir qui succéda à Vladislas, en fit donnation à Sui-Drigelon son oncle ; et enfin elle fut incorporée au royaume de Pologne, quand on y réunit entièrement la Lithuanie.

Ces principales villes sont *Luck* ou *Luccoria*, sur la rivière de Steer. Cette ville, ci-devant capitale de la Volhinie, a une citadelle ; elle est grande, mais elle n'est pas belle. Elle a un évêque Romain qui réside dans un château qui sert de forteresse. Elle a aussi un évêque Grec qui prend le titre d'*Exarque de Russie*. La Diètine s'y tenait ; le Palatin y résidait ; c'était aussi le siége d'une justice territoriale. Les Juifs qui y sont en grand nombre, en font le principal commerce. Elle est à 26 lieues N. E. de Léopold, 70 lieues S. E. de Varsovie, 80 E. par N. de Cracovie ; sa longitude est de 43°. 50′, sa latitude 50°. 50′.

Tschartorisk, ville, était le chef lieu de la principauté de ce nom. Elle dépendait des princes de Radziwil.

Krsemicnietz, sur l'*Irwa*, avec un château bâti sur un rocher, était le siége d'un gouverneur et d'une justice territoriale.

Wisnowieisch, ville, duché avec un château : on trouve dans ses environs et sur la rivière de Slutsch, plusieurs petites villes, *Olanow*, *Basilia*, *Krasilow*, *Constantinow*, *Miropel-Beanowha*, *Octrosel*.

Berditschow et *Kodnia*, anciennes villes; la première était célèbre par une image de la vierge, ornée d'une couronne d'or, qu'on lui mettait avec des cérémonies singulières. Le pape l'avait envoyée en 1753. On lui attribuait beaucoup de miracles.

Saslaw, sur l'Horin, avec le titre de duché; son territoire est très-étendu.

Ostrog, sur la même rivière, capitale d'un duché qui comprenait la plus belle et la plus grande partie de la Volhinie. Il y avait un collége pour les nobles, et un autre où enseignèrent les Jésuites. Le dernier duc céda son duché à la Pologne, à condition qu'il ne pourrait être divisé ni aliéné : c'est lui qui avait fait imprimer en 1581, la bible Esclavone. Elle est à 25 lieues N. de Kaminieck.

Dubno, sur l'Irwa, ville fortifiée : cette ville renferme un abbaye de l'ordre de St.-Basile.

Wladsimiers, ville sur le Bog; elle est la résidence d'un évêque Grec dont le diocèse est très-étendu.

Olika, belle ville avec une université, un séminaire, un chapitre collégial : elle a un château. C'était le chef-lieu d'un duché appartenant à la maison de Radziwil. Elle est à 9 lieues N. E. de Lucke, long. 44°. 23. lat. 55°. 53.

Derman, *Siditschim*, *Miele*, *Dorobush*, abbayes grecques réunies à l'église romaine.

Miedensinseh, petite ville sur l'Horin. On y voit un couvent de Franciscains et une belle église.

Le nom *Pologne* paraît venir du mot *pole* qui, dans la langue du pays, désigne une contrée platte et unie. L'air y est sain et froid. Celui de la Lithuanie est humide. On n'y voit de montagnes que celle de *Chelm* en Siradie, et celle de *Kahleberg* dans le palatinat de Sendomir : mais les champs sont partout fertiles. On en emportait anciennement la charge de 4000 vaisseaux de blé. En Podolie, l'herbe cache le boeuf qui s'y nourrit. La Samogitie produit beaucoup de blé, de chanvre et de lin. On trouve dans ses plaines des terres colorées, rouges, brunes, jaunes, de la craie, du marbre, de l'albâtre, des bélénites, des agathes, des calcédoines, le saphir, le diamant, le cristal, etc.; on y prépare l'alun, le salpêtre et le vitriol qui sont un objet considérable de commerce ; l'ambre jaune s'y trouve dans la terre, dans les lacs, dans les sources d'eau salée et dans les mines de charbon dont on ne fait point d'usage.

La Podolie fournit du plomb assez cassant; ailleurs on trouve de l'or et de l'argent qu'on n'a pas encore exploité. Dans le Palatinat de Culus on voit des bois pétrifiés dont les habitans se servent pour battre le briquet : près de Lemberg, il est un bosquet entier, dont les tiges et les troncs des arbres sont pétrifiés; ailleurs on déterre de grands os, des cornes, et des monnaies romaines d'argent. La manne dont on fait usage dans les cuisines, ressemble à des grains de millet; elle est portée par une sorte d'herbe qui croît dans les marais. La vigne y réussit en quelques endroits. Le miel, la cire y sont communs.

Ce royaume fournissait autrefois à l'étranger près de cent mille boeufs. Les chevaux qu'il nourrit joignent à la beauté la force et la légèreté : les brebis, les chèvres y sont en grand nombre; le gibier y est abondant; il renferme des animaux rares, ou qui lui sont particuliers. Le sanglier, l'élan s'y trouvent presque partout. On mange et on estime la chair du dernier; il a la tête et la taille du cheval; le poil, les pieds, l'ongle du cerf; il a des cornes; ses oreilles sont celles de l'âne, il égale le daim en vîtesse. Il nage bien. Les déserts sont peuplés de boeufs sauvages qui n'ont qu'une corne. On trouve dans la Lithuanie, le bison, dont le corps est semblable, mais plus épais que celui du boeuf. Le goulu a la tête du chat, le corps et la queue du renard.

On voit, en Pologne, des sources qui s'enflamment, d'autres qui recouvrent le fer de cuivre, pétrifient le bois, ou sur lesquelles nage la poix. On y trouve aussi des fontaines singulières. Près de Cracovie, il en est une, dont l'eau claire, agréable au goût, à l'odorat, sort avec impétuosité : ses bouillons suivent le mouvement de la lune; cette eau est froide an toucher, s'enflamme à l'approche d'un flambeau ; elle guérit des maladies, et prolonge, dit-on, la vie de ceux qui habitent ses bords : celles-là contient du soufre : d'autres contiennent du vitriol, de la chaux, du salpêtre. La Volhinie est arrosée par la *Duna*, la *Memel*, la *Vistule*, le *Norgats*, la *Warta*, le *Dnieper* qui se jette dans la mer noire, après un cours de trois cent cinquante lieues, etc.

Après avoir donné la description de la Volhinie, nous croyons devoir donner celle de la Pologne en général, attendu que la révolution qu'elle vient d'éprouver, peut exciter plus particulièrement la curiosité du lecteur.

Ce royaume se divisait autrefois en grande et petite Pologne et comprenait le grand duché de Lithuanie : la grande Pologne renferme cinq palatinats.

Le palatinat de Posnanie est à l'occident de la Pologne : dans le tems de la splendeur de ce pays il était le plus étendu ; on y comptait soixante et quatorze villes, grandes et petites, et 1442 villages ; il avait un évêque, un palatin et sept castellans.

Posen ou Posnanie, qui prend le titre de capitale de la grande Pologne, est une assez grande ville ; elle est belle, mais placée dans un marais que la Warta inonde quelquefois ainsi que la ville. Des côteaux agréables sont au-delà ; elle est au midi de la rivière : elle est le siége du palatin et d'un castellan ; sa cathédrale est belle ; le palais épiscopal est superbe. Cette ville est très-commerçante à cause de son voisinage avec l'Allemagne.

La seconde ville de ce palatinat est Lissa,

peuplée et commerçante. Ce n'était autrefois qu'un village, lorsqu'un ancêtre du roi de Pologne Stanislas Leczinski, y accueillit les protestans, qui fuyaient l'intolérance qui les opprimait en Silésie, en Moravie et en Bohême.

Le Palatinat de Kalisch, est à l'Orient de la Posnanie. Kalisch est une assez grande ville, fortifiée à l'antique, sur la petite rivière de Prosna.

Gnesen, autre ville, est la plus ancienne de la Pologne : un de ses rois, *Leck* Ier., ayant rassemblé des hommes, et leur ayant persuadé de bâtir une ville en cet endroit, abatit des arbres pour en faire des maisons ; on trouva un nid d'aigles : ce qui fait qu'ils donnèrent à la ville, le nom de Gnesno du mot *Gniazdo* qui signifie nid. Telle est l'origine de cette ville, de son nom, et des armes de la Pologne, qui depuis ce tems a porté un aigle pour armoiries. Elle fut fondée vers l'an 550.. Cette ville a perdu de son éclat et de sa splendeur ; mais elle est encore grande. C'est là où l'on couronnait les anciens rois de Pologne. Le roi de Prusse avait en 1772, étendu ses conquêtes jusqu'à Kolo, petite ville où s'assemblaient les états de la grande Pologne.

Le Palatinat de Cujavre appartient presqu'en entier au roi de Prusse, depuis la même époque, et il possède aussi celui d'*Inowroslaw*.

La province de Warsovie avait autrefois des ducs particuliers ; mais elle fut incorporée au reste de la Pologne, en 1526. Dans le Palatinat qui porte ce nom, on distingue Varsovie, résidence des rois de Pologne, au centre d'une plaine vaste et fertile, qui semble une grande terrasse au pied de laquelle coule la Vistule. Sa situation presque au centre du royaume, son air pur, la fertilité des vastes plaines qui l'entourent, déterminèrent anciennement la résidence de la cour : la ville n'est point belle ; ses rues sont étroites; mais les faubourgs sont bien bâtis, les rues en sont larges : c'est là qu'habitent tous les nobles. On distingue la bibliothèque de cette ville, composée de 200,000 volumes. Le château royal est dans le faubourg de Cracovie ; c'est un édifice vaste, assez bien construit, mais d'une architecture commune.

Le Palatinat de Plozk renferme la ville de Thorn, située sur les frontières de la Prusse. Cette ville est célébre pour avoir donné le jour à Nicolas Copernic. Elle se donna à la Pologne en 1454, et en obtint de grands priviléges. Aujourd'hui on n'y compte guère que mille bourgeois.

La petite Pologne dont la majeure partie était tombée sous la puissance de la reine de Hongrie et de la Russie, comprend d'abord Cracovie capitale d'un palatinat de ce nom et autrefois capitale du royaume ; elle est située au confluent de la Vistule et de la Rudawa : sa campagne est fertile. Elle est grande, bien bâtie ; ses rues sont larges, droites et mal pavées. A son couchant elle a un faubourg embelli par des magnifiques jardins. Le château du roi est sur une éminence au milieu de la ville ; il est long, étroit et sans beauté ; entouré de murs, de tours et de bastions, il présente l'aspect d'une ville ;

dans son enceinte est l'église cathédrale qui est très-riche. C'est là qu'on conservait un trésor considérable, les joyaux de la couronne, et tout ce qui servait au sacre des rois. L'église est dédiée à Saint-Stanislas que le roi Boleslas égorgea au pied de l'autel d'une église voisine. Le jour qui précèdait le couronnement, le nouveau roi de Pologne suivi des seigneurs, s'y rendait à pied comme pour expier le crime de son prédécesseur. Près du château est le faubourg de *Stadomo*; un pont le joint à la ville de Casimir, bâtie par Casimir le grand, et qui fait la moitié de Cracovie. Les bourgeois de Cracovie n'appelaient qu'au roi des jugemens rendus dans cette ville; le roi ne pouvait juger leurs procès que dans son enceinte. Cette ville a été florissante; mais l'éloignement de la cour lui fit perdre son ancien éclat.

Les Palatinats de Russie et de Bells, ont été le partage de la reine de Hongrie. La Russie blanche qui contenait cinq Palatinats, fut démembrée en partie de la Pologne pour passer sous la domination Russe; ceux de Livonie et de Kiovie ont été envahis en entiers. Les palatinats sont dépendans du grand duché de Lithuanie.

Les bornes de cet ouvrage ne nous permettent pas de nous étendre davantage sur la description géographique de ce vaste pays; nous terminerons cet article, par quelques observations sur les causes progressives de sa décadence, qui ont enfin contribué à son démembrement et à son anéantissement.

En 1652, sous le régne de Jean Casimir,

un Nonce de Lithuanie prononça le premier, *que toute délibération cesse*. Il sortit ensuite de l'assemblée et alla faire sa protestation entre les mains du chancelier ; elle portait qu'il regarderait comme une atteinte aux lois, tous les actes que la diète pourrait faire si elle continuait sa séance. Ce genre de protestation alors si inconnue, causa beaucoup de trouble dans l'assemblée ; on agita avec chaleur si l'on devait continuer ou non, les délibérations. Enfin le parti des mécontens appuya la protestation et la diète fut dissoute.

Cet événement changea la face du gouvernement, qui fut plus que jamais en proie au désordre et aux factions : les intérêts particuliers, l'influence des puissances voisines, tout concourut à entretenir le trouble. Il leur suffisait d'avoir acheté le suffrage d'un seul nom pour être assurés que la diète ne prendrait que des arrêtés conformes à leurs intérêts. Dès lors la décadence de la Pologne a été plus sensible dans un espace de 112 ans ; 48 diètes ayant été annullées par le Veto, les affaires publiques, la justice, les guerres mêmes, y ont été conduites avec une faiblesse qui en éloignait les avantages et les succès. Les Polonais auraient peut-être aboli ce funeste privilége, sans l'opposition secrette des puissances co-partageantes ; il est essentiel d'observer que le roi et les sénateurs ne pouvaient exercer le Veto. C'est en vain que les Polonais ont cherché à remédier à ces abus, dans une espèce de nouvelle diète qui s'assemblait sous l'autorité d'une confédération que les lois permettent, lorsqu'il s'agit de défendre la personne du roi, dans le cas d'une invasion de la part de l'ennemi ou durant un interrègne ; mais ces diètes n'ayant pas le pouvoir législatif, ont toujours laissé la Pologne en proie aux divisions, qui enfin ont opéré sa destruction. En vain, lors du premier partage, les nobles, qui de souverains devenaient sujets, voulurent-ils se récrier, protester contre le traité des trois cours co partageantes, on méprisa ces clameurs comme le dernier effort d'une nation expirante.

La Russie acquit dès lors la plus grande portion en étendue ; l'Autriche la plus peuplée ; la Prusse la plus commerçante : la population de ces trois portions réunies, se montaient à 5,000,000 d'ames. La Prusse surtout a enlevé des pays dont la perte fut très-sensible a la Pologne. Maître de la navigation de la Vistule, le commerce de cet ancien royaume est aujourd'hui très précaire. Ce prince assujettissant à de grands droits les marchandises qui passent par Dantzig, a diminué considérablement le commerce de cette ville. L'anarchie et la confusion que ces puissances avaient établies en Pologne et qu'elles y ont perpétuées, ont enfin hâté le moment de sa perte et renversé sa puissance, que l'on minait sourdement depuis nombre d'années.

Découverte

DÉCOUVERTE ET HISTOIRE DU KAMTCHATKA;

Contenant l'Origine, les Mœurs, les Coutumes des Habitans; avec une Description Géographique de ce vaste Pays.

Découverte du Kamtchatka, par les Russes.

Les Russes ayant étendu leur puissance vers le nord, et établi des colonies sur les bords des rivières les plus considérables, qui se jettent dans la mer Glaciale, firent de nouveaux efforts pour connaître le pays situé au-delà de la rivière d'Anadir.

Le cosaque *Wolodimer-Atlasow* fut envoyé dans les habitations situées sur le nord de l'Anadir. Après quelques certitudes, sur le voisinage du Kamtchatka, il prit avec lui 60 soldats et autant de sauvages déjà soumis, et partit en 1699 pour le Kamtchatka. Il pénétra

B

assez avant dans le pays, où il leva quelques tributs consistant en pelleteries de différentes espèces; un de ses détachemens bâtit le *Kamtchatskoi-Ostrog supérieur*, fort destiné à tenir en respect les naturels de la contrée. Les successeurs de ce Cosaque s'avancèrent davantage dans le pays, y levèrent différens tributs, et y construisirent trois forts.

La sévérité avec laquelle on exigeait les tributs fit révolter les Kamtchadals, habitant près du fort de *Bolcheretskoi*; ils prirent les armes à l'improviste, brûlèrent ces forts et massacrèrent tous les soldats ainsi que les commis chargés de la levée des tributs.

Le cosaque Atlasow à qui l'on redonna le commandement de ces régions, y arriva au mois de juillet 1707. Il ne trouva aucune résistance jusqu'à la baie *d'Awatcha*, aujourd'hui port de St.-Pierre et de St.-Paul, où il s'arrêta pour passer la nuit. Les Kamtchadals qui s'étaient rassemblés dans cet endroit au nombre de près de huit cents, pleins de confiance dans leur grand nombre, étaient convenus de ne point tuer les Russes, mais de les faire prisonniers. Ils comptaient tellement sur la victoire, qu'ils avaient apporté des courroies pour les lier; mais ils furent repoussés si vigoureusement, que la plupart furent tués et le reste prit la fuite. Différentes révoltes éclatèrent de tems à autre sans être générales ; on vit dans une de ces occasions les Kamtchadals porter l'animosité et la vengeance au plus haut point : un commandant de Cosaques, après avoir soumis quelques habitans qui s'étaient révoltés, se rendit à Awatcha avec vingt-cinq hommes dans le mois de février 1712 ; il y fut bien reçu par les habitans, qui les menèrent dans une hutte, promirent de payer un gros tribut et offrirent même des ôtages qui furent acceptés ; la nuit suivante ils mirent le feu à la hutte, en criant à leurs ôtages de se sauver comme ils pourraient. Ceux-ci répondirent qu'étant enchaînés ils ne pouvaient s'échapper, mais qu'on ne s'embarassât point d'eux pourvu qu'on fît périr leurs ennemis.

Cependant ce peuple, après quelques révoltes partielles, dans l'une desquelles on vit périr les commissaires Russes, résolurent d'exterminer tous les Russes qui étaient dans le pays. Pendant l'hiver, la coalition se forma ; un des nouveaux commissaires était à peine parti avec les tributs du pays, que les habitans qui n'attendaient que son éloignement, se rassemblèrent et attaquèrent le fort inférieur de Kamtchatskoi-Ostrog : ils massacrèrent les soldats, incendièrent les bâtimens ; avec les matériaux firent de nouveaux retranchemens, et dépêchèrent dans le pays afin d'inviter leurs compatriotes à se réunir à eux, pour profiter de l'avantage qu'ils venaient de remporter.

Quelques Cosaques ou Russes échappés au carnage, se réfugièrent vers l'embouchure de la rivière de Kamtchatka, où ils trouvèrent le vaisseau chargé des contributions, qu'un vent contraire avait forcé de quitter la mer. On envoya le lendemain un détachement pour les soumettre : mais les insurgés s'étaient tellement fortifiés, qu'il fallut conduire du canon devant le fort ; on le battit avec tant de succès, que les assiégés en furent consternés, quelques-uns se rendirent, le reste sous la conduite d'un chef assez intrépide, se défendit jusqu'à ce que le feu ayant pris au magasin à poudre, réduisit tout en cendres.

Cependant les Kamtchadals qui ignoraient ce dernier événement, s'étaient mis en marche à la première nouvelle de la prise du fort par leurs compatriotes ; ils massacrèrent dans leurs chemins tout ce qu'ils rencontrèrent de Cosaques, et ceux des leurs qui refusèrent de prendre parti dans cette guerre. Enfin les Russes, après différentes attaques, parvinrent à rétablir la tranquillité dans le pays ; on punit les principaux chefs des rebelles. On ne saurait se représenter l'indifférence et le sang-froid avec lequel ils allaient à la mort ; ils témoignaient une égale fermeté au milieu des supplices et des tortures les plus affreuses. Quelques cruels que fussent les tourmens qu'on leur faisait souffrir, ils ne laissaient échapper que les mots *ni*, *ni*, expression de courage, ou de mépris envers leurs bourreaux ; serrant ensuite leur langue entre les dents, ils gardaient un silence obstiné, comme s'ils eussent été privés de tout sentiment.

Description Géographique du Kamtchatka.

On avait depuis long-tems quelques connaissances du Kamtchatka ; mais elles se réduisaient en grande partie à savoir qu'il existait un pays de ce nom. Sa position, ses qualités, ses productions, et ses habitans, ont été presque entièrement inconnus jusqu'à ce jour.

On crut d'abord que la terre d'Ieso était contigue au Kamtchatka, et on resta long-tems dans cette opinion. On découvrit ensuite que ces deux pays étaient séparés, non-seulement par une grande mer, mais par plusieurs îles qui se trouvaient entre eux ; cependant on ne tira aucun fruit de cette découverte pour s'assurer de sa situation ; de sorte que jusqu'à présent on n'a placé le Kamtchatka sur les cartes, que d'une manière incertaine, et par conjecture. Il est aisé de s'en convaincre en jetant les yeux, tant sur les anciennes cartes, que sur celles qui ont été faites de nos jours. Les Russes même n'ont commencé à connaître le Kamtchatka que depuis qu'il leur est soumis ; mais tel est le sort de la plupart des découvertes, elles, sont toujours imparfaites dans leur origine. Les premières connaissances qu'eurent les Russes du Kamtchatka, étaient très-bornées ; ce ne fut qu'aux deux expéditions qu'ils y firent, et sur-tout à la dernière, qu'ils acquirent des connaissances plus étendues de la géographie de ce pays ; car non-seulement on leva alors, par ordre de l'Amirauté, des plans exacts des côtes orientales du Kamtchatka, jusqu'au Cap Tchoukotsk, et des côtes occidentales, jusqu'au Golfe de Pengina, de même que depuis Ochotsk, jusqu'à la rivière Amour ; mais on s'assura aussi de la situation des îles qui se trouvent entre le Japon et le Kamtchatka, ainsi que de celles qui sont entre ce pays et l'Amérique. Les académiciens de St.-Pétersbourg ont aussi fixé, par des observations astronomiques, la situation de cette contrée inconnue.

De la situation du Kamtchatka, de ses limites, et de ses qualités en général.

Le pays qu'on appelle aujourd'hui le *Kamtchatka* est une grande Péninsule qui borde l'Asie à l'est, et qui s'étend à environ sept degré et demi du nord jusqu'au midi.

On doit fixer le commencement de cette Péninsule aux rivières *Poustaia* et *Anapkoi*, qui ont leur cours sous le cinquante neuvième degré trente minutes de latitude environ. La première se jette dans la mer de Pengina, et la seconde dans la mer Orientale : le pays est si resserré dans cet endroit, que, suivant des relations fidelles, on peut découvrir les deux mers, des montagnes qui sont situées au milieu, lorsque le tems est serein ; mais le terrein s'élargit en remontant vers le nord : on pense aussi que l'on peut regarder cet endroit comme le commencement de l'Isthme du Kamtchatka ; d'ailleurs le gouvernement de cette province ne s'étend pas plus loin, et le pays situé au nord, au-delà de cet Isthme, prend le nom de *Zanosie*, sous lequel on comprend tout le pays qui est de la juridiction d'Anadir ; au reste ne rejetons point entièrement l'opinion de ceux qui établissent le commencement de ce grand cap entre la rivière de *Pengina* et celle d'*Anadir*.

L'extrémité méridionale de cette Péninsule est nommée *Lopatka*, à cause de sa ressemblance avec l'omoplate d'un homme, qu'on appelle ainsi. Elle est au cinquante-unième degré trente minutes de latitude. Quand à la différence de la longitude entre Pétersbourg et le Kamtchatka, on est assuré, par des observations astronomiques, que la distance d'*Ochotsk* à Pétersbourg est de cent douze degrés cinquante-trois minutes à l'est, et que *Bolcheretskoi* n'est éloigné d'Ochotsk que de quatorze degrés six minutes aussi à l'est.

La figure de la Péninsule du Kamtchatka, déterminée par les limites qu'on en donne ici, est en quelque sorte elliptique. Sa plus grande largeur est estimée 415 w. entre les embouchures des rivières de *Tigil* et de Kamtchatka, qui se communiquent par le moyen de la rivière *Elowka*, laquelle a sa source dans le même endroit que la Tigil, et coule sous la même latitude.

L'océan oriental environne le Kamtchatka à l'est et le sépare de l'Amérique. Ce pays est borné à l'occident par la mer de Pengina, qui commence à la pointe méridionale du cap de Kamtchatka et des îles Kouriles, et s'étend vers le nord entre les côtes occidentales du Kamtchatka et celles d'Ochotsk, l'espace de plus de cent werthes; l'extrémité septentrionale est appelée *Penginskaïa - Gouba*, ou golfe de *Pengina*, à cause de la rivière de ce nom qui s'y jette : ainsi ce pays est voisin de l'Amérique à l'est, et au sud, des îles Kouriles, qui s'étendent au sud-ouest jusqu'au Japon.

Le péninsule du Kamtchatka est remplie de montagnes qui s'étendent au nord, depuis la pointe méridionale, par une chaîne continue, et qui séparent le pays en deux parties presque égales. Cette chaîne en forme encore d'autres qui continuent de s'étendre du côté des deux mers; les rivières ont leur cours entre elles. Les terreins bas ne se trouvent qu'aux environs de la mer, dont les montagnes sont éloignées. Il y a aussi entre les chaînes de très-grands vallons. Elles s'avancent en plusieurs endroits fort avant dans la mer : c'est ce qui leur fait donner le nom de *Nos*, ou caps : ces caps sont en plus grande quantité sur la côte de l'orient que sur celle de l'occident. Tous les golfes ou baies qui sont renfermés entre les caps, sont appelés en général *mers*, et on leur a donné à chacun des noms particuliers, comme, par exemple, *mer d'Olioutore*, *mer de Kamtchatka*, *mer des Castors*, et ainsi des autres.

La Péninsule du Kamtchatka n'a en général aucun nom chez ces différentes nations, mais chaque canton prend le nom du peuple qui l'habite, ou de ce qui s'y trouve de plus remarquable. Les Cosaques même de ce pays n'appellent Kamtchatka que la rivière de ce nom, et les endroits circonvoisins; ainsi à l'exemple des peuples de ce pays, ils nomment la partie méridionale de la Péninsule du Kamtchatka, *pays des Kouriles*, à cause de cette nation qui l'habite. La côte occidentale depuis la rivière Bolchaia, jusqu'à celle de Tigil est simplement nommée *la côte*; la côte orientale, qui dépend de Bolcheretskoi-Ostrog, est appelée *Awatcha*, du nom de la rivière d'Awatcha; et cette même côte, qui est du gouvernement de Kamtchatkoi-Ostrog supérieur, est appelée *mer des Castors*, à cause des castors marins qui s'y trouvent en plus grande quantité qu'ailleurs. Les autres endroits depuis l'embouchure de la rivière de Kamtchatka et de celle de Tigil vers le nord, sont appelés du nom des Koriaki ou Koriaques qui les habitent; la côte orientale est appelée *Ouka* ou *Oukouwaem*, de la rivière du même nom; et la côte occidentale, *Tigil*, à cause de la rivière de ce nom; ainsi lorsque l'on dit, au Kamtchatka, *aller à la côte, aller à Tigil* etc. on doit entendre par-là, les endroits qui sont compris sous cette dénomination.

Le Kamtchatka est arrosé par une grande quantité de rivières ; il n'y en a cependant point qui soit navigable, même pour les plus petits bateaux, tels que les grands canots appelés *Zasanki*, dont on fait usage dans les forts situés vers le haut de *l'Irtich*, excepté la rivière de Kamtchatka. Elle est si profonde depuis son embouchure, l'espace de 200 w., et même davantage, que les petits vaisseaux peuvent la remonter. Les habitans de ces contrées prétendent qu'avant la conquête du Kamtchatka, quelques navigateurs russes, jetés par une tempête dans cette rivière, la remontèrent avec un petit vaisseau, connu dans ce pays sous le nom de *Kotch*, jusqu'à l'embouchure de la rivière *Nikoul*, qui est appelée présentement *Theodotowschina*, du nom du commandant de ce petit bâtiment, qui s'appeloit *Theodote*. Les rivières qui passent pour les plus considérables de toutes, après celle de Kamtchatka, sont la *Bolchaia*, *l'Awatcha*, et la *Tigil* : on a établi, sur leurs bords, des colonies Russes, parce que ces endroits sont les plus favorables de tout le pays.

Le Kamtchatka est aussi rempli de lacs ; il y en a une si grande quantité aux environs de la rivière de Kamtchatka, qu'il n'est pas possible de traverser ces lieux pendant l'été ; il s'en trouve de très-grands : les plus considérables sont le lac *Nerpitch*, qui est proche de Kamtchatka, celui qu'on appèle *Kronotskoi*, d'où sort la rivière *Krodakig*, le lac *Kouril*, ou la rivière *Ozernaia* prend sa source, et le lac *Apalskoi*, où la *Bolchaïa-Reka*, (grande rivière) a la sienne.

Quant aux volcans et aux fontaines d'eau bouillante, il y a peu d'endroits où l'on en trouve une si grande quantité dans un aussi petit espace.

Moeurs et Coutumes des Habitans du Kamtchatka.

Les habitans du Kamtchatka sont aussi sauvages que leur pays même ; quelques-uns n'ont point d'habitations fixes, ils errent d'un lieu à l'autre avec leurs troupeaux de rennes ; les autres ont établi leurs demeures sur les bords des rivières qui se jettent dans la mer orientale, où ils habitent les îles situées aux environs du cap méridional du Kamtchatka. Ils se nourrissent également d'animaux marins, de poissons et de différens coquillages que la mer jette sur ses bords, ou des herbes qui croissent sur le rivage ; comme choux , raves marines , etc. Les premiers vivent dans des jourtes ou cabanes faites de peaux de rennes ; les autres dans des endroits creusés sous la terre. Tous ces sauvages sont en général idolâtres , de la plus stupide ignorance , et sans aucun usage des lettres ou caractères propres à exprimer et perpétuer la pensée.

Les Kamtchadals peuvent se diviser en deux nations, l'une septentrionale, et l'autre méridionale. La première est celle qui habite le long de la rivière de Kamtchatka, depuis sa source jusqu'à son embouchure, et le long des rives de l'océan oriental, depuis l'embouchure de la rivière Ouka , vers le midi, jusqu'à celle de la rivière Nalatchewa. Cette nation peut être regardée comme la principale, puisqu'elle est la moins grossière dans ses moeurs, plus policée , et que par-tout on' y parle la même langue; au lieu que les autres ont autant de dialectes qu'il y a d'habitions différentes.

La nation méridionale est celle qui habite la côte de la mer orientale depuis la rivière Nalatchewa jusqu'au cap de Kamtchatka. Ces habitans se distinguent entre eux par différens noms qu'ils se donnent et qui ont rapport aux différentes rivières qu'ils habitent.

L'origine de ce peuple n'a rien de positif ;

il est lui-même dans la plus grande ignorance à cet égard ; il n'appuie son ancienneté que sur des traditions fabuleuses. Ils prétendent avoir été créés par le dieu Koutkhou, qui autrefois habitait le ciel, aussi le révèrent-ils comme l'auteur de leur race.

Les Kamtchadals sont de petite taille, ils ont le teint basanné, les cheveux noirs, peu de barbe, le visage large comme les Calmouks, avec le nez écrasé et plat, les traits irréguliers, les yeux enfoncés, les sourcils minces et les jambes grêles, le ventre pendant et la démarche lente : en général ils sont d'une taille médiocre; ils ont les épaules larges et sont trapus ; ils sont poltrons, vains, timides et rampans devant ceux qui les traitent sévèrement, opiniâtres et méprisans à l'égard de ceux qui les traitent avec bonté.

Cette nation avait toujours vécu dans l'indépendance jusqu'au moment où les Russes conquirent ces régions ; elle ne connaissait ni souverains ni lois ; les vieillards ou ceux qui se distinguaient par quelques actions de bravoure, avaient la prééminence dans chaque habitation ; mais elle ne consistait que dans la préférence qu'on donnait à leurs conseils; d'ailleurs une parfaite égalité régnait entre eux, personne ne pouvait commander à un autre et n'aurait osé le punir de son propre mouvement.

Coëffure et habillement d'hiver des Kamtchadales

Ces peuples sont malpropres et dégoûtans, ils ne se lavent jamais les mains ni le visage, et ne coupent point leurs ongles, ils mangent dans les mêmes vases que leurs chiens sans jamais les laver ; tous en général exhalent une odeur de poisson ou de canard de mer. Ils ne se peignent jamais, les hommes et les femmes partagent leurs cheveux en deux queues, les femmes qui les ont plus longs les mettent en plusieurs petites tresses, dont elles forment ensuite deux grandes queues, qu'elles lient ensemble à l'extrémité avec une petite ficelle, puis les rejettent sur le dos comme un ornement. Tous sont remplis d'une si grande quantité de vermine, qu'en soulevant leurs tresses ils la ramassent avec la main, et la mangent.

Ceux qui sont chauves portent des espèces de perruques qui pèsent jusqu'à dix livres ; leur tête ressemble alors à une botte de foin. Au reste les femmes sont assez belles et paraissent plus intelligentes que les hommes.

Leurs habillemens sont faits de peaux de rennes, de chiens, de veaux marins, et même d'oiseaux, ils cousent les peaux ensemble sans aucun choix. Ils se nourrissent de racines, de poissons et de bêtes marines : ils habitent pendant l'hiver les jourtes ou cabanes, et font tirer leurs traineaux par des chiens. Pendant l'été, ils logent sous les *balaganes*, autre espèce de huttes.

Ils font consister leur bonheur dans l'oisiveté et dans la satisfaction de leurs appétits naturels; ils excitent leur concupiscence par des chansons, des danses, obscènes et des histoires amoureuses qu'ils ont coutume de se raconter : l'ennui, les soins, les embarras, sont regardés comme les plus grands malheurs qui puissent leur arriver ; et pour s'en garantir, il n'est rien qu'ils ne mettent en usage, au risque quelquefois de leur vie. Ils ont pour principe qu'il vaut mieux mourir que de ne pas vivre à son aise, ou de ne point satisfaire ses desirs ; aussi avaient ils recours autrefois au suicide, comme au dernier moyen de se rendre heureux. Cette coutume barbare devint même si commune parmi eux, lorsqu'ils furent soumis par les Russes, qu'il fallut des ordres très-sévères pour en arrêter les progrès : au reste ils vivent sans aucun souci ; ils travaillent à leur gré : uniquement occupés du présent et du simple nécessaire, ils ne se mettent nullement en peine de l'avenir.

Ils ne connaissent ni les richesses, ni l'honneur, ni la gloire, ni par conséquent l'avarice, l'ambition et l'orgueil ; tous leurs desirs ont pour objet de vivre dans l'abondance de tout

tout ce qu'ils peuvent avoir, de satisfaire leurs passions, leur haîne et leur vengeance. Ces vices occasionnent des querelles entre eux, et des guerres sanglantes avec leurs voisins ; elles ne sont point fondées sur des motifs de s'agrandir, mais sur celui de recouvrer les provisions qu'on leur a volées, et de se venger des outrages qu'on leur a fait en enlevant leurs filles : ils ravissent à leur tour celles de leurs voisins, et cette méthode est la plus courte pour se procurer une femme ; car lorsqu'un habitant veut se marier, il choisit ordinairement sa future dans une autre habitation que la sienne ; alors il s'y transporte pour y demeurer. Après avoir déclaré son intention au père ou à la mère de sa maîtresse, il travaille chez eux, pour leur faire voir son activité et son adresse ; il sert tous ceux de la maison avec plus de soins et d'empressement que ne fait un domestique ; et principalement son beau-père, sa belle-mère et sa future ; il demande ensuite la permission de la toucher. Si ses services ont plu, on la lui accorde ; alors il guette l'occasion de se jeter sur elle, quand il y a peu de monde, ce qui n'est pas aisé, parce que la fille est alors sous la garde des femmes de l'habitation qui la quittent rarement ; d'ailleurs, dans le tems que le prétendu

C

peut la toucher, elle est revêtue de deux ou trois caleçons avec des camisoles, et tellement entortillée de filets et de courroies, qu'elle ne peut pas se remuer. Si l'amant a le bonheur de la trouver seule, ou si elle n'est gardée que par quelques femmes, il se jette sur elle avec impétuosité, arrache et déchire les habits, les caleçons et les filets dont elle est enveloppée, afin de pouvoir toucher aux parties naturelles ; car c'est en quoi consiste chez eux toute la cérémonie du mariage. Mais la future, ainsi que les autres filles et femmes, poussent de grands cris, et celles-ci tombent sur l'amoureux, le battent, lui arrachent les cheveux, lui égratignent le visage, et emploient toutes sortes de moyens pour l'empêcher d'exécuter son dessein : s'il est assez heureux pour réussir, il s'éloigne aussitôt de sa maîtresse qui donne des marques de sa défaite en prononçant d'un ton de voix plaintif et tendre; *ni , ni*.

Les Kamtchadals ne commercent que dans la vue de se procurer les choses nécessaires à leurs subsistances. Ils échangent des martres-zibelines, des peaux de renards, des peaux de chiens blancs et à longs poils, des champignons secs et d'autres bagatelles, pour des habits tout faits, des peaux de rennes et d'autres animaux. Ils échangent entre eux les choses qu'ils ont en abondance pour celles qui leur manquent, comme des chiens, des canots, des plats, des auges, de l'ortie séchée pour faire de la toile, des provisions de bouche, etc. Ce trafic se fait avec la plus grande marque d'amitié; quand un habitant veut quelque chose dont un de ses voisins est en possession, il va le voir et lui expose tout franchement ses besoins, quoiqu'ils soient souvent peu liés ensemble; dès lors l'hôte pour se conformer à la coutume du pays lui accorde tout ce qu'il demande; mais ensuite il lui rend visite, et il est traité de même.

Lorsqu'un Kamtchadal désire lier amitié avec un autre, il invite son futur ami à venir partager son repas; et pour le recevoir, il commence par bien chauffer sa jourte, et par apprêter les mets qu'il croit les meilleurs; il en prépare une quantité suffisante pour dix personnes.

Quand le convié est entré dans la jourte, il se déshabille tout nu, ainsi que le maître de la maison : ce dernier, après avoir fermé la jourte, lui sert à manger ce qu'il a préparé, et verse du bouillon dans une grande écuelle. Pendant que le premier mange et boît, l'autre verse de tems en tems de l'eau sur des pierres presque rougies au feu, afin de rendre la jourte d'une chaleur insupportable. Le convié fait tous ses efforts pour manger tout ce que l'autre lui a servi, et pour endurer la grande chaleur de sa cabane. Le maître de son côté met tout en oeuvre pour forcer l'étranger à se plaindre de la trop grande chaleur, et à le prier de le dispenser de manger davantage. Si les choses ne se passent point ainsi, le convié le trouve fort mauvais, il est très-mécontent, et le maître de la maison est regardé comme un avare, ou comme un malhonnête homme. Ce dernier ne prend rien pendant le repas, il a la liberté de sortir de sa cabane quand il le veut ; mais le convié ne le peut qu'après qu'il s'est avoué vaincu ; il vomit pendant son repas jusqu'à dix fois ; aussi après un festin de cette nature, il ne peut pendant trois jours regarder aucun aliment sans que son coeur ne se soulève.

Lorsque le convive n'en peut plus, et qu'il est hors d'état de résister à la chaleur, il demande la permission de s'en aller ; mais il faut qu'il se rachette, afin qu'on ne le fasse plus chauffer ni manger davantage. Il ne reçoit sa liberté qu'en donnant au maître de la maison des chiens, des habits, en un mot, tout ce qui plaît à son hôte. Celui-ci en revanche, lui donne des haillons, au lieu des bons habits qu'il reçoit, et quelques mauvais chiens estropiés ou qui ne peuvent plus marcher.

Cette réception, loin d'être regardée comme une injure, est chez eux une marque d'amitié, lorsqu'on agit des deux côtés avec réciprocité. Si celui qui a ainsi dépouillé son ami, ne va pas chez lui à son tour, pour lui rendre sa visite, celui qui a été dépouillé revient une seconde fois chez son ami, non pour y manger, mais pour recevoir un présent à son tour. Quoique le convive ne dise rien du sujet de sa visite, car tel est leur usage, le maître de la maison doit à son tour lui faire des présens proportionnement à ses facultés ; mais s'il ne lui en fait pas, alors le convive, après y avoir passé la nuit, attelle ses chiens sur la jourte même, se met sur son traîneau, enfonce son bâton dans la terre, et reste là jusqu'à ce qu'il ait reçu quelque chose de son ami.

Si par avarice il ne lui donne rien, le convive retourne chez lui fort mécontent et devient son plus cruel ennemi. Cela arrive cependant très-rarement ; car ces peuples regardent comme un si grand déshonneur d'outrager ainsi un ami, qu'aucun d'eux ne voudrait jamais lier amitié avec celui qui aurait eu un pareil procédé; il est même honteux à un convive de demander des présens en représailles de ceux qu'il a faits.

Un Cosaque était lié d'amitié avec un Kamtchadal, qui avait une fort belle peau de renard. Le Cosaque, malgré tous les présens qu'il lui avait faits, n'avait pu le déterminer à la lui céder. Pour dernier moyen, il l'invita à venir prendre un repas chez lui. Il chauffa beaucoup sa cabane, fit cuire du poisson en abondance. Ayant fait asseoir son convive, il versa de l'eau sur les pierres brûlantes, et causa une si grande chaleur qu'il ne put y résister lui-même. Ce qui le força à sortir comme il lui était permis en qualité de maître de la maison. Il se tint dans le vestibule, d'où en ouvrant la porte, il versait continuellement de l'eau sur les pierres. Le Kamtchadal ne pouvant supporter cette chaleur l'invita à cesser; mais le Cosaque ne lui fit point de grâce, et ne discontinua de chauffer la chambre que lorsqu'il lui eût promis de lui donner la belle peau de renard.

Ce traitement fut on ne peut pas plus agréable au Kamtchadal; il assura qu'il n'avait jamais ressenti une chaleur plus grande, et qu'il n'aurait jamais cru que les Cosaques pussent traiter si bien leurs convives. Loin d'être fâché de la perte de sa peau qu'il regardait comme un trésor, il exalta l'amitié de ce Cosaque à tous ses compagnons, et vanta ce repas comme le meilleur et le plus honorable traitement, qu'il eût jamais reçu.

Ils agissent ainsi envers leurs amis, lorsqu'ils leur donnent quelque festin, excepté qu'ils ne chauffent pas si fort leurs jourtes, et qu'ils n'en exigent pas de présens. S'ils les régalent avec de la graisse de veaux marins ou de baleine, l'hôte, après avoir coupé la graisse en long, et en forme de tranches, se met à genoux devant son convive qui est assis; puis tenant une de ces tranches de graisse, et un couteau de l'autre, il la lui enfonce dans la bouche et crie comme en colère, *tana*, qui signifie *voilà*, et il coupe ce qui lui sort de la bouche.

La nourriture de ce peuple consiste en racines, poissons, et animaux marins. Le poisson est leur principal aliment ; ils en ont une espèce qui approche de celle du saumon, dont ils font beaucoup de cas. Ils le découpent en six parties, et suspendent en l'air les côtes avec la queue pour les faire sécher. Ils préparent le dos et le ventre d'une façon différente, et les font ordinairement sécher à la fumée. Ils mettent pourrir les têtes dans des fosses jusqu'à ce que les cartilages deviennent rouges ; alors ils les mangent en guise de poissons salés : ce mets est pour eux très-agréable, quoique l'odeur n'en soit pas supportable pour un étranger. Ils ôtent ensuite les chairs qui restent encore sur les arrêtes ; ils les mettent en paquets, les font sécher, et les pilent lorsqu'ils veulent s'en servir : ils font aussi sécher les grosses arrêtes pour nourrir leurs chiens. Ils mangent ordinairement sec le poisson ainsi préparé.

Le second mets favori de ces peuples est le *caviar* ou les oeufs de poissons : ils les préparent de trois manières différentes : ils les font sécher à l'air, ou bien ils les dépouillent de la membrane qui les enveloppe comme un sac, et les étendent sur un gazon pour les faire sécher. D'autrefois ils renferment les oeufs dans des tuyaux creux de différentes herbes, ou dans des rouleaux faits avec des feuilles : dans l'un et l'autre cas, ils les font sécher au feu. Jamais ils ne marchent sans porter avec eux du caviar sec : avec une livre, ils peuvent subsister long-tems sans autre nourriture. Ils mêlent avec ce caviar, de l'écorce de bouleau et de saule, et ce mélange leur fournit un mets qu'ils aiment beaucoup ; cependant ce caviar est tellement rempli de colle qu'elle s'attache aux dents, et l'écorce des arbres est si sèche qu'on ne peut l'avaler, quelque tems qu'on soit à la mâcher.

Ce caviar se prépare encore en mettant une couche de gazon au fond d'une fosse, où l'on jette des oeufs frais de poissons; et après les avoir couverts d'herbes et de terre, ils les laissent fermenter.

Le troisième mets, appelé *tchoupriki*, se fait avec différens poissons, et se prépare de la sorte. Ils construisent dans leurs jourtes une espèce de claie, au-dessus du foyer, à la hauteur de sept pieds, sur laquelle ils mettent leurs poissons. Ils échauffent ensuite les jourtes comme des étuves, et ferment exactement toutes les issues. Si l'on ne met pas beaucoup de poisson sur ces claies, il se cuit bientôt, et il est prêt à être mangé quand la jourte se refroidit; mais quand il y en a beaucoup, ils font chauffer leur jourte à plusieurs reprises; ils retournent leurs poissons, et souvent ils font deux ou trois feux. Les poissons ainsi préparés, sont moitié fumés et moitié rôtis, et ils ont un goût fort agréable. En effet, toute la graisse et tout le jus cuisent fort lentement, et restent dans la peau comme dans un sac, et lorsque le poisson est cuit, elle se détache aisément. Ils vident ensuite ces poissons, les font sécher sur des nattes, les coupent en petits morceaux et les enferment dans des sacs faits d'herbes entrelacées.

Le mets le plus délicat, selon leur goût, est le poisson aigri qu'il font pourrir dans les fossés. Ce mets leur paraît délicieux, quoique l'odeur en soit fort désagréable. Il se pourrit quelquefois si fort qu'on ne peut le retirer qu'avec des espèces de cuillers ; alors ils le donnent à leurs chiens, et le délayent dans leur auge au lieu de farine d'avoine.

A l'égard de la chair des animaux marins et de terre, ils la font cuire dans des auges avec différentes racines, et particulièrement avec la *sarana*. Ils boivent le bouillon dans de petits vases d'écorce ou dans des tasses, et mangent la viande avec leurs mains. Ils mangent aussi de la graisse de baleine et de veau marin cuite avec des racines, ou aigrie dans les fosses. Ils coupent par tranches les graisses qu'ils ont fait cuire, et particulièrement celles du veau marin. Ils en mettent dans leur bouche autant qu'elle en peut contenir, et la coupant alors avec un couteau qu'ils tiennent tout près de leurs lèvres, ils avalent le morceau tout entier sans le mâcher, et aussi gauchement que les hirondelles de mer avalent les poissons.

Un autre mets qui est singulièrement recherché chez eux, est le *sclaga*, aussi n'en mangent-ils que dans leurs festins. Ce n'est cependant autre chose que différentes sortes de racines et de baies broyées ensemble, auxquelles ils ajoutent du caviar, de la graisse de baleine, et quelquefois du poisson cuit. Ce mets composé de baies acides, et de sarana, est fort agréable et nourrissant; mais la malpropreté avec laquelle ils le préparent, le rend dégoûtant, surtout quand on le fait liquide. Une femme, après avoir pilé les racines dans un vase sale et mal-propre, les remue avec ses mains pleines de crasse, qui deviennent ensuite aussi blanches que la neige, en comparaison du reste du corps.

Avant la conquête des Russes, ces peuples ne buvaient que de l'eau; s'il s'agissait de se mettre en gaieté, ils y faisaient infuser des champignons. Aujourd'hui ils boivent de l'eau-de-vie qu'ils aiment si passionnément qu'ils vendent tout ce qu'ils possèdent pour s'en procurer. Ils boivent beaucoup d'eau pure après le dîner, et ne se couchent jamais sans en avoir auprès de leur lit un grand vase pour boire pendant la nuit. Ils y mettent beaucoup de glace et de neige afin qu'elle ne s'échauffe pas. Ils s'amusent pendant l'hiver à se jeter dans la bouche des poignées de neige. Les jeunes garçons qui doivent se marier, et qui travaillent chez leurs beaux-pères futurs en attendant ce moment, ont beaucoup à faire pour leur fournir de la neige pendant l'été, parce qu'ils sont obligés d'en aller chercher sur les hautes montagnes, quelque tems qu'il fasse; et s'ils y manquoient, on leur en ferait un crime.

En général ces peuples sont extrêmement grossiers, et ne connaissent ni les complimens ni la politesse. Ils n'ôtent point leurs bonnets et ne saluent jamais personne. Ils sont si stupides dans leurs discours, qu'ils semblent ne différer des brutes que par la parole. Ils ont cependant une sorte de religion; ils croient que le monde, le ciel, l'air, les eaux, la terre, les montagnes et les bois sont habités par des esprits qu'ils redoutent, et qu'ils honnorent plus que leurs dieux. Ils leurs font des sacrifices presque dans toutes les occasions: ils portent sur eux des idoles, ou les gardent dans leurs habitations; et loin de craindre les objets de leur culte, ils les maudissent dans tous les événemens fâcheux.

Ils ignorent leur âge; ils comptent néanmoins jusqu'à cent; mais avec tant de difficulté qu'ils ne peuvent aller à trois sans le secours de leurs doigts. Rien n'est plus risible que de les voir compter au-delà de dix ; quand ils en sont au dernier des doigts de leurs mains, ils les joignent pour signifier dix ; puis ils continuent par ceux du pied ; et si le nombre passe vingt, ne sachant plus où ils en sont ; ils s'écrient comme en extase : *où prendre le reste ?*

Leur année est de dix mois, les uns plus longs, les autres plus courts, sans avoir aucun égard au cours des astres, mais uniquement à la nature de leurs travaux. Leur premier mois est celui qui purifie les fautes, parce que c'est dans ce mois qu'ils font une fête pour purifier leurs péchés. Le deuxième est le mois qui rompt les haches, parce que la grande gelée, fait casser les manches des haches. Le troisième est nommé, le commencement de la chaleur ; ainsi de suite, jusqu'au dixième qu'ils appellent le mois de la chute des feuilles, et qui renferme trois des nôtres.

Les Kamtchadals qui habitent le nord, leur donnent d'autres noms, qui sont en partie relatif aux tems où les vaches marines, les rennes sauvages et domestiques mettent bas. Les saisons de la pêche, de la chasse, les grands froids, servent à désigner les autres ; mais ils n'en comptent aussi que dix. Ils connoissent, comme nous, le printems, l'été, l'automne, l'hiver; sans pouvoir en déterminer le commencement ni la fin. Les événemens remarquables leurs servent d'époque ; tels que l'arrivée des Russes, la grande révolte des Kamtchadals, la première expédition au Kamtchatka. Ils ignorent absolument l'écriture. Ils n'ont nulles figures ni hyérogliphes pour conserver la mémoire des événemens. Aussi toutes leurs connaissances ne sont fondées que sur la tradition. Ils ignorent la cause des éclipses ; quand il en arrive, ils font du feu dans leurs jourtes, et prient les astres éclipsés de reprendre leurs lumières. Ils attribuent le tonnerre et l'éclair à des mauvais génies, ou à des gens qui font leurs habitations dans des volcans. Parmi les noms qu'ils donnent aux vents, on distingue celui du sud ouest qui, dans leur langage, signifie *saison des femmes ;* parce que pendant que le vent souffle, le ciel, disent-ils, pleure comme une femme.

Ils n'ont point de juges publics pour décider et terminer leurs différens ; chacun peut juger son voisin, selon la loi du talion. Si un homme en tue un autre, il est mis à mort lui-même par les parens du défunt. Ils punissent les voleurs convaincus de plusieurs larcins, en leur entortillant les mains d'une écorce de bouleau à laquelle ils mettent le feu. Ceux qu'on attrape pour la première fois, sont battus par ceux qu'ils ont volés, sans que les voleurs fassent la moindre résistance ; après quoi ils sont réduits à vivre seuls, privés de tout secours et de tout commerce avec les autres, comme des gens morts civilement. Lorsqu'un voleur n'est point saisi, ils vont en grande cérémonie et en présence de leurs prêtres, jeter dans le feu le nerf de l'épine du dos d'un bélier de montagne. Ils s'imaginent que le malfaiteur éprouve les mêmes convulsions, se plie, se courbe, et perde l'usage de ses membres, à mesure que le nerf se contracte au feu.

Ils n'ont jamais de démêlés pour leurs champs, leurs cabanes et leurs limites, parce que chacun a plus de terrein qu'il ne lui en faut, et qu'ils trouvent abondamment de l'eau, des herbes, des animaux propres à leur nourriture, dans les prairies et les rivières voisines de leurs habitations.

Ils ont jusqu'à deux ou trois femmes, outre celles qu'ils entretiennent, et qu'ils appellent *Koektchoutchei*. Celles-ci sont habillées de même que les autres, et font le même travail. Elles n'ont aucune liaison avec le reste des hommes, et se conduisent comme si elles avaient de l'aversion pour eux.

Les Kamtchadals mesurent la distance d'un lieu à l'autre par le nombre des nuits qu'on est obligé de passer en route. Ils ont un grand plaisir à imiter et contrefaire exactement les autres hommes dans la démarche, la voix, les mouvemens, les gestes du corps : de même que les oiseaux et les autres animaux dans leurs chants, leurs cris, ou hurlemens; ils sont fort adroits dans cette imitation. Il n'est pas, selon eux, de manière de vivre plus heureuse et plus agréable que la leur. Bien persuadés de cette idée, ils méprisèrent d'abord la manière de vivre des Russes et des Cosaques. Mais ils sont revenus peu-à peu de leur erreur. Les jeunes gens s'empressèrent d'adopter les coutumes des Russes, embrassèrent même la religion Chrétienne ou Grecque, et se trouvèrent bien loin de la superstition de leurs ancêtres. Cette contrée secoua insensiblement la barbarie. L'impératrice Elisabeth établit dans chaque habitation un *toïon* ou chef qui décide toutes les causes, excepté celles où il s'agit de la punition des crimes, et qui peuvent faire condamner à mort. Ces chefs sont dans des logemens bâtis à l'Européenne ou à la mode des Russes ; et dans quelques endroits ils ont fait élever des chapelles pour le culte. Les Russes ont aussi établi dans ces

contrées

contrées naguère si barbares, de nombreuses écoles, où les naturels envoient avec plaisir leurs enfans.

Les habitations des Kamtchadals se nomment *Ostrog*, lorsqu'elles sont composées d'une ou de plusieurs jourtes et balaganes. Ces habitations sont d'ordinaire revêtues d'un rempart de terre.

Pour construire leurs jourtes, ils creusent en terre un trou d'environ quatre pieds et demi de profondeur, dont ils proportionnent la longueur et la largeur au nombre des personnes qui doivent les habiter. Ils plantent au milieu de ce trou quatre poteaux éloignés l'un de l'autre de près de sept pieds. Ils placent sur ces poteaux de grosses traverses ou poutres, pour soutenir le toît, en laissant au milieu une ouverture carrée, qui leur tient lieu de fenêtre, de porte et de cheminée. Ils attachent à ces traverses des solives, dont une des extrémités est assurée sur terre. Ils les entrelacent de perches, et les couvrent ensuite de gazon et de terre, de façon que leurs jourtes ressemblent en-dehors à de petites buttes rondes, quoique carrées en-dedans. Il y a toujours deux côtés plus longs que les deux autres; et c'est ordinairement entre les poteaux, auprès du côté le plus long qu'ils

D

placent leurs foyers. Un peu au-dessus de ce foyer, ils font une ouverture, ou un tuyau de dégagement, afin que l'air qui y entre chasse la fumée au-dehors par la cheminée.

Ils placent dans l'intérieur de leurs jourtes, le long des murs, de larges bancs, autour desquels chaque famille fait son ménage à part. Il n'y a jamais de bancs vis-à-vis du foyer, parce que c'est dans cet endroit qu'ils tiennent ordinairement leurs ustensiles, leurs vases et leurs auges de bois, dans lesquels ils préparent à manger pour eux et pour leurs chiens. Dans les jourtes où il n'y a point de bancs, ils mettent tout autour des solives couvertes de nattes, sur lesquelles ils reposent. On n'y voit aucun ornement, si ce n'est des nattes faites avec des herbes dont quelques-unes garnissent leurs murailles.

Les Kamtchadals du nord ont dans leurs jourtes deux idoles appelées *Khantaï*, et *Ajouchak*. La première est taillée comme une Sirène; de forme humaine, depuis la tête jusqu'à la poitrine, et le reste du corps ressemblant à la queue d'un poisson. Sa place est ordinairement près du foyer. Ils disent qu'ils lui donnent cette figure, parce qu'il y a un esprit de ce nom. Chaque année, à la purification des fautes, ils en fabriquent une semblable, qu'ils placent auprès de l'ancienne ; et en comptant le nombre des idoles qui sont auprès du foyer, on sait combien il y a d'années que la jourte est bâtie.

La deuxième idole est une petite colonne dont le bout est fait en forme de tête d'homme. Ils la font présider sur les ustensiles de la jourte, et la regardent comme un dieu tutélaire qui en éloigne les esprits malfaisans des bois. C'est pourquoi ils lui donnent à manger chaque jour, la frottent et lui oignent la tête et le visage de la plante sarana cuite ou de poisson. Les Kamtchadals méridionaux ont la même idole, qu'ils appellent *Ajoulonnatch*; mais, au lieu des Khantaï, ils ont des perches, ou des espèces de porte-manteaux où sont des têtes d'hommes.

Ils descendent dans leurs jourtes par des échelles, dont une des extrémités est placée proche le foyer, et l'autre dans l'ouverture qui sert de cheminée, de manière que quand ils font du feu l'échelle est brûlante, et qu'il faut retenir son haleine, si on ne veut pas être suffoqué par la fumée. Mais ils ne s'en embarrassent pas ; ils grimpent comme des écureuils sur les échelles dont les échelons sont si droits, qu'on ne peut y mettre que la pointe du pied. Les femmes passent même volontiers à travers la fumée avec leurs enfans sur leurs épaules, quoiqu'il leur soit permis d'entrer et de sortir par une autre ouverture qu'ils appellent *Joupaña* ; mais on se moquerait d'un homme qui y passerait, et il serait regardé comme une femme. Les Cosaques qui, dans les commencemens, n'étaient point accoutumés à passer à travers la fumée, sortaient par le joupana , destiné pour les femmes ; aussi les naturels les comparaient-ils à ce sexe.

Ils ont des bâtons faits en guise de tenailles, nommés *Audron*, pour jeter hors de leurs jourtes les tisons; ceux qui lancent les plus gros par l'ouverture supérieure, sont regardés comme les plus habiles et les plus adroits. Ce peuple habite les jourtes, depuis l'automne jusqu'au printems. Ils vont ensuite dans les balaganes, qui leurs servent de maisons et de magasins pendant l'été.

Pour construire ces balaganes, ils plantent d'abord neuf poteaux de la hauteur d'environ treize pieds , ancienne mesure de France ; ils les mettent sur trois rangs à égale distance les uns des autres. Ils joignent les poteaux avec des traverses, et mettent dessus des soliveaux pour faire les planchers qu'ils couvrent de gazon. Pour se garantir de la pluie, ils construisent avec des poutres un toit pointu, qu'ils couvrent aussi avec du gazon. Après avoir assuré avec des courroies et des cordes les extrémités des poulies, au bout des solives d'en-bas, ils y pratiquent deux portes en face l'une de l'autre, et montent dans les balaganes avec les mêmes échelles dont ils ont fait usage pendant l'hiver, pour descendre dans leurs jourtes. Ils construisent ces balaganes non-seulement auprès de leurs jourtes, ou habitations d'hiver, mais encore dans tous les endroits où ils vont passer l'été pour y faire des provisions.

Ces bâtimens leur sont fort commodes pour garantir leurs poissons de l'humidité ; la pluie étant très fréquente dans ce pays ; ils leur servent encore pour faire sécher leurs poissons qu'ils y laissent jusqu'en hiver ; se contentant de retirer les échelles pendant ce tems. Si ces balaganes étaient moins hautes, leurs provisions deviendraient la proie des animaux : malgré ces précautions, on a vu plusieurs fois les ours y grimper, surtout pendant l'automne, lorsque les poissons commencent à devenir rares dans les rivières, et les fruits dans les campagnes.

En été, lorsqu'ils vont à la chasse, ils construisent au près de leurs Balaganes, des huttes de gazon, dans lesquelles ils préparent leur manger, et vident le poisson pendant le mauvais tems. Les ostrogs considérables sont entourés de Balaganes ; ce qui offre de loin un coup d'oeil fort agréable. Chaque ostrog ressemble de loin à une petite ville, et les balaganes à des tours.

Les Kamtchadals méridionaux, bâtissent ordinairement leurs habitations dans les bois, loin de la mer, ou dans des lieux fortifiés par la nature. Tous les habitans d'un ostrog regardent les bords de la rivière sur laquelle ils demeurent, comme le domaine et l'héritage de leurs familles. Ils ne quittent jamais ces bords pour aller habiter sur une autre rivière. Si quelques familles veulent se séparer de leur ostrog, elles construisent des jourtes sur la même rivière, ou sur les ruisseaux qui s'y jettent. Cela donne lieu de croire que les bords de chaque rivière sont habités par des peuples qui sortent tous de la même tige. Les Kamtchadals disent eux-mêmes que *Kout*, qu'ils regardent quelquefois comme leur dieu, et qu'ils appellent aussi leur premier père, vécut deux ans sur les bords de chaque rivière, du Kamtchatka ; qu'après y avoir eu des enfans, il les a laissés dans le lieu de leur naissance, et que c'est de ces enfans que les habitans de chaque rivière tirent leur origine. Ils prétendent que Kout alla de cette manière jusqu'à la rivière *Ozernaïa*, où il suivit le cours de ses travaux, et qu'après avoir mis ses canots contre une montagne, il disparut.

Tous les meubles des Kamtchadals consistent en tasses, auges, paniers ou corbeilles carrées, faites d'écorce de bouleau. Ils préparent leurs repas, ainsi que ceux des chiens, dans les auges. Ils voyagent sur les traîneaux pendant l'hiver et dans les canots pendant l'été.

Avant l'arrivée des Russes, les Kamtchadals se servaient d'os et de cailloux au-lieu de métaux. Ils en faisaient des couteaux, des piques, des flèches, des lancettes, des aiguilles et des haches. Ils faisaient aussi des haches avec des os de rennes et de baleines, ou avec des pierres de jaspe taillées en forme de coin. Ils les attachaient avec des courroies à des manches courbés. C'est avec ces instrumens qu'ils creusaient leurs canots et leurs vases ; mais ils y employaient tant de tems qu'ils étaient trois ans à creuser un canot, et au moins un an à faire une auge : aussi les canots et les grands vases, n'étaient pas moins estimés chez eux, que le sont chez nous les plus belles pièces de vaisselle, même du cristal le plus précieux. Le village qui était en possession d'une belle auge s'estimait plus que ses voisins, surtout lorsqu'elle était de grandeur à traiter plusieurs convives. C'est dans les auges qu'ils font cuire la viande et les poissons, en jetant dedans des cailloux rougis au feu; et la provision doit être abondante, puisqu'un Kamtchadal, lorsqu'il est invité par un ami, mange à lui seul autant que dix hommes.

Leurs couteaux sont encore aujourd'hui d'un cristal de montagne, de couleur verdâtre, tirant sur le brun, pointus et faits comme des lancettes, avec des manches de bois. Ils emploient le même cristal pour armer leurs flèches et leurs piques, et fabriquer des lancettes pour se saigner; leurs aiguilles sont faites d'os de zibelines; ils s'en servent avec beaucoup d'adresse pour coudre leurs habits, leurs chaussures, et toutes les garnitures et bordures qu'ils y ajoutent.

Lorsqu'ils veulent allumer du feu, ils ont un usage pareil à celui d'un grand nombre de sauvages de diverses contrées, notamment à ceux de la Guyane : ils prennent un petit ais de bois bien sec, percé de plusieurs trous, dans lequel ils tournent avec rapidité un bâton sec et rond jusqu'à ce qu'il s'enflamme. Ils se servent en guise de mêche d'une herbe séchée. Chacun porte toujours avec lui un de ces instrumens enveloppé dans de l'écorce de bouleau ; ils préfèrent même à présent cette façon de faire du feu, à nos fusils, par la raison qu'ils ne peuvent allumer le feu aussi promptement qu'à leur ancienne manière. Ils font un si grand cas des autres intrumens de fer, tels que les couteaux, flèches, haches, aiguilles, etc., que dans les premiers tems qu'ils furent soumis, ils s'estimaient riches et heureux dès qu'ils possédaient un morceau de fer quelqu'il fût. Ils sont tous très-avides de ce métal, et comme ils sont tous portés à la rebellion, il est défendu aux Russes de leur vendre des armes ; mais ils savent se faire des lances et des flèches avec des marmites qu'ils achètent : ils ont aussi des armes à feu qu'ils enlèvent aux Russes ; mais la plupart n'en savent point faire usage. Ils sont fort adroits à raccomoder les aiguilles cassées en les perçant de nouveau, ce qu'ils font jusqu'à la pointe.

Leurs canots qu'ils appellent *bastsi*, se font de deux manières, et sont de différentes formes ; les uns ressemblent à un bateau de pêcheur ; ils ont la proue plus haute que la poupe, et les côtés plus bas. Les autres ont l'avant et l'arrière d'égale hauteur, mais les côtés sont recourbés dans le milieu, ce qui les rend très-incommodes ; en effet, pour peu qu'il fasse du vent, ils se remplissent d'eau dans l'instant. Les premiers canots ne sont en usage que sur la rivière de Kamtchatka : ils n'emploient les autres que sur la mer Orientale. Lorsque ces derniers sont revêtus de planches et de peaux, ont les appelle *baidares* ; ils en fendent le fond, le recousent avec des fanons ou barbes de baleine, et les calfatent avec de la mousse, ou de l'ortie battue et brisée ; leur usage de fendre ainsi ces canots, vient de la remarque qu'ils ont faite, qu'ils s'entr'ouvraient plus aisément par la violence des vagues s'ils n'étaient point fendus : c'est avec ces bâtimens que les habitans des côtes vont à la chasse des animaux marins.

Ces canots sont construits avec du bois de peuplier. Les Kamtchadals septentrionaux, font leurs baidares de peaux de veaux marins, de la plus grande espèce, parce qu'ils n'ont ni fer ni bois propres à cette construction.

Les canots leur servent à tous pour la pêche et le transport de leurs provisions : deux hommes se mettent dans chaque canot, l'un est assis à la proue, et l'autre à la poupe ; ils remontent les rivières avec des perches, mais ils ont tant de peine, surtout dans les endroits où le courant est rapide, qu'ils restent quelquefois un demi-quart d'heure courbés et penchés sur leurs perches, sans avancer seulement de deux ou trois pieds. Malgré ces difficultés, les plus vigoureux font avec ces bateaux chargés beaucoup de chemin; ils traversent ordinairement les rivières en ramant debout. Leurs plus grands canots portent de neuf à treize quintaux; lorsque la charge est légère, et qu'elle occupe un grand espace, comme par exemple du poisson sec, ils la transportent avec deux canots joints ensemble par une espèce de pont fait avec des planches : la difficulté qu'ils éprouvent à remonter les rivières dans ces canots ainsi unis, est cause qu'ils ne s'en servent communément que sur la rivère de Kamtchatka, dont le cours est moins rapide.

L'occupation des hommes est la pêche pendant l'été : ils font aussi sécher le poisson, le transportent de la mer à leurs habitations, et préparent les arrêtes et le poisson gâté pour la nourriture des chiens. Les femmes vident les poissons ; les étendent quelquefois même ; elles aident leurs maris à la pêche ; elles emploient le reste du tems à cueillir différentes herbes, des racines et des baies, ou des petits fruits, tant pour leur nourriture que pour leur servir de médicament : elles préparent l'herbe douce dont ils ne faisaient usage anciennement que pour leur nourriture ; mais présentment ils en font des eaux-de-vie ; elles apprêtent aussi différentes herbes, dont elles ourdissent leurs tapis, leurs manteaux, leurs sacs, et d'autres petites bagatelles de ménage : enfin elles ont soin des provisions de bouche, ainsi que de toutes les autres.

Dans l'automne, les hommes s'occupent à la pêche et à tuer des canards, etc. Ils dressent leurs chiens au charroi, et coupent du bois pour faire des traîneaux et d'autres ouvrages. Les femmes pendant ce tems cueillent de l'ortie ; la font rouir, la brisent, la dépouillent de l'écorce, et la mettent sous leurs balaganes. Elles vont dans les grandes plaines qui ne sont couvertes que de mousses, et retirent des trous de rats, des racines de différentes espèces, et celles de la plante qu'on appelle dans ce pays, *Sarana*.

Dans l'hiver, les hommes vont à la chasse de la zibeline et des renards ; ils font des filets ; ils transportent avec leurs traîneaux, dans leurs jourtes, du bois et les autres provisions, qu'ils avaient laissés pendant l'été dans les balaganes, d'où ils n'avaient pas eu le tems de les retirer en automne. Les femmes filent pour faire des filets ; cet ouvrage est si long qu'une femme peut à peine fournir assez de fil à son mari pour les filets qui lui sont nécessaires pendant l'été. Mais quand les familles sont nombreuses, ils en font plus qu'il ne leur en faut. Alors ils échangent le surplus pour d'autres bagatelles, comme des aiguilles, de la soie, des dés à coudre et des couteaux.

Ils se mettent à pêcher au printems, lorsque les rivières deviennent navigables, et que les poissons qui y ont passé l'hiver regagnent la mer pour chercher une espèce de poisson appelé *Vachnia*, qu'on trouve alors en grande quantité dans les golphes et dans les baies. Il y a des Kamtchadals qui vont même sur la mer Orientale, et jusqu'au Cap Lopatka pour attraper des castors marins et d'autres animaux. Les femmes de leur côté vont cueillir dans les champs une espèce d'ail sauvage et d'autres plantes, non-seulement pour suppléer aux provisions dont on manque dans cette saison; mais même pour s'en régaler. Elles aiment si fort les herbages, que pendant tout le printems, elles en ont presque toujours dans la bouche ; et quoiqu'elles

les apportent chez elles par brassées, à peine en ont-elles pour un jour.

Les hommes sont encore chargés de construire les jourtes et les balaganes ; de les chauffer ; d'apprêter leurs alimens ; de donner à manger à leurs chiens ; de régaler les conviés lorsque l'occasion s'en présente ; d'écorcher les chiens et autres animaux, dont les peaux leur servent à faire des habits ; enfin, de préparer les ustensiles domestiques, et les armes nécessaires pour la guerre. Les femmes à leur tour sont obligées d'apprêter et de coudre les peaux dont elles font les habits, les bas et les souliers. Ce travail est tellement leur partage, qu'un homme qui s'en mêlerait, serait aussitôt méprisé, et taxé de s'adonner à une occupation déshonorante ; aussi regardaient-ils, dans le commencement, avec mépris les Russes, qu'ils voyaient manier l'aiguille et l'alêne. Ce sont aussi les femmes qui teignent les peaux, qui traitent les malades, et qui font les cérémonies de religion. Voici la manière dont elles préparent, teignent et cousent les peaux ensemble.

Elles n'ont qu'une seule façon de préparer toutes les peaux de rennes, de chiens, de veaux et de castors marins, etc. dont elles font les habits. Elles commencent par mouiller l'intérieur de la peau, après quoi elles ratissent avec un couteau fait de pierre, les fibres et les chairs qui y sont attachées. Elles frottent ensuite la peau avec des oeufs de poissons ou frais ou fermentés, la tordent et la foulent aux pieds jusqu'à ce qu'elle devienne un peu molle. Elles la ratissent une seconde fois, la frottent encore, et continuent ce travail jusqu'à ce qu'elle soit bien nette et molle. La préparation est la même pour les peaux qu'elles veulent tanner. Elles les exposent ensuite à la fumée pendant une semaine, et après les avoir trempées dans l'eau chaude pour en faire tomber le poil, elles les frottent avec du caviar, les tordent entre leurs mains, les foulent et les ratissent.

Elles teignent les peaux de rennes et de chiens dont elles font les habits, en les frottant souvent avec l'écorce d'aulne hachée en petits morceaux : mais elles ont une méthode particulière pour teindre les peaux de veaux marins dont elles font des habits, des chaussures et des courroies qui servent à garnir et à attacher les traîneaux. Après en avoir ôté le poil avec de l'eau chaude, elles les cousent en forme de sac, tournant en dehors le côté de la peau ou était le poil ; elles versent dans le sac une forte décoction d'écorce d'aulne et le recousent par le haut ; quelque tems après, elles les pendent à un arbre, les battent avec des bâtons, et continuent cette opération à plusieurs reprises, jusqu'à ce que la couleur ait assez pénétré la peau ; elles la laissent sécher à l'air, et la frottent avec les mains jusqu'à ce qu'elle soit molle, souple et propre à être employée. Les peaux ainsi préparées, ressemblent beaucoup au maroquin.

Quant au poil de veaux marins dont elles se servent pour garnir leurs robes et leurs chaussures, elles le teignent avec un petit fruit d'un rouge très-foncé qu'elles font bouillir avec de l'écorce d'aulnes, de l'alun et une huile minérale, appelée *oleum petræ*. Cette couleur est ordinairement d'un rouge très-vif.

Elles cousent leurs robes et leurs chaussures avec des aiguilles d'os, et au lieu de fil elles se servent de nerfs ou de fibres de rennes, qu'elles rendent aussi fins qu'il est nécesaire pour leur usage.

Elles font de la colle avec des peaux de poisson séché, et surtout avec celles de baleine. Elles enveloppent les peaux dans de l'écorce de bouleau, et les laissent quelque tems sous la cendre chaude : cette colle est aussi bonne que la meilleure de Russie.

Les

Les habits que portaient autrefois les Kamtchadals, et que le plus grand nombre porte encore aujourd'hui, sont faits de peaux de rennes, de chiens, de veaux marins, et même d'oiseaux. Ils cousent ces peaux ensemble sans aucun choix. Ils portent ordinairement deux habits; ils les font de deux manières, les uns à pans égaux; les autres un peu plus longs sur le derrière que sur le devant. Quelques-uns ont par derrière une grande queue. Leurs habits descendent un peu plus bas que les genoux; les manches en sont fort larges (Planche I, pag. 31). Ils portent aussi un capuchon qu'ils mettent sur leurs bonnets, pour se garantir contre les ouragans qui sont fréquens dans ce pays. Le collet de l'habit n'a que la largeur nécessaire pour passer la tête; ils attachent autour du collet des peaux et des pattes de chiens, avec lesquelles ils se couvrent le visage pendant le mauvais tems. Le bas de leurs habits est garni tout autour, de même que le bout des manches et le tour du capuchon, d'une bordure de peaux de chiens blancs à longs poils. Cette bordure est plus estimée que toutes les autres. Ils cousent sur le dos des bandes de peaux ou d'étoffes, peintes de différentes couleurs, et quelquefois des houppes faites de fil ou de courroies différemment peintes. L'habit de dessus a le poil en dehors, et celui de dessous l'a en dedans, et le revers est teint avec de l'aulne. Ils choisissent, pour la première, des fourrures de la couleur du poil le plus estimé parmi eux, telle que le noir, le blanc, ou celles qui sont tachetées. Les Kamtchadals ont pris cet habillement des Koriaques. Celui qu'ils portaient d'abord avait, à la vérité, la même forme, mais il était fait de peaux de chiens, de zibelines, de renards, de marmottes et de béliers de montagne. Ils ont encore un autre habillement qui leur descend jusqu'aux talons. Ils ne le teignent d'aucune couleur.

Le plus beau vêtement dont ils se parent, est large par en bas et étroit sous les aisselles. Le collet est fait comme celui des chemises. Les manches sont étroites : on en borde le bas, le collet et les manches avec de la fourrure de castors.

Ces bordures sont faites d'une lanière ou bande de peau tannée, de la largeur d'un doigt et demi. On en forme trois rangs découpés par petits carrés ; chaque carré est cousu avec du fil de différentes couleurs. On observe de laisser un vide entre les carrés. Le premier rang est cousu avec de la barbe de rennes. On ajoute à cette lanière

B. Femme Kamtchadale avec ses Enfans, dans son habit ordinaire.

rouge ou noire, qui est variée par une bordure faite de la peau du cou d'un chien, une autre petite bande, et l'on attache à toutes ces bandes, de ces mêmes peaux découpées en pointes, et bordées de laine peinte.

Ces habits sont de même pour les hommes et pour les femmes, ne différant que par l'habit de dessous et la chaussure. L'habillement de dessous, que les femmes portent ordinairement dans la maison, est composé d'un caleçon et d'une camisole cousus ensemble. Les caleçons ressemblent par leur longueur et largeur aux culottes des matelots hollandais : elles s'attachent de même plus bas que le genoux : la camisole a un collet qui s'ouvre et se ferme avec un petit cordon. Cet habillement se met par les pieds: les femmes s'en servent l'été et l'hiver. Celui d'été est fait de peaux blanches et délicates, mais sans poil, ou de peaux de bêtes marines, préparées comme des peaux de chamois. Celui d'hiver est fait de peaux de rennes, ou de peaux de béliers : on le porte quelquefois le poil en dessus, d'autre fois le poil sur la chair (voyez la Planche II).

L'habit ou le déshabillé que les hommes portent dans la maison, consiste en une ceinture de cuir, à laquelle ils attachent une espèce de bourse sur le devant, et un tablier de cuir pour couvrir le derrière. Cette ceinture est variée par des poils de veaux marins teints de différentes couleurs.

Les Kamtchadals allaient autrefois à la chasse et à la pêche avec cet habillement; c'était le seul dont ils se vêtissaient l'été. Mais ceux qui sont voisins des Russes, commencent à s'habiller comme eux.

Les culottes que les hommes portent sont les mêmes que les caleçons des femmes; on les fait de différentes peaux : elles descendent jusqu'aux talons, comme les culottes des paysans Russes, mais elles sont plus étroites. Celles qu'ils portent en hiver, sont coupées de la même manière que celles d'été; avec la différence qu'elles sont plus larges, et que la partie qui est autour du derrière, a le poil sur la chair, et celle qui est autour des cuisses, l'a en dehors. On fait communément cette dernière de la peau des jambes de rennes et des pieds de loups. La partie du bas des cuisses et des jambes est bordée de peau blanche et fine, ou de drap, et l'on y passe une petite courroie pour attacher la chaussure, sur laquelle on fait tomber le haut de chausse ou caleçon, afin que la neige n'y entre point.

La chaussure des hommes diffère ordinairement de celle des femmes, en ce que les bottines des hommes sont courtes, et que celles des femmes vont jusqu'aux genoux : on fait ces bottines de différentes peaux. Celles qu'on porte en été et en tems de pluie sont faites de peaux de veaux marins non préparées, dont on met le poil en dehors (Planches I et II). La chaussure dont ils se servent l'hiver est faite communément de la peau des jambes de rennes : les poils sont toujours en dehors. Ils font la semelle de peau de veau marin, qu'ils garnissent en dedans de morceaux de peau des jambes de rennes qui ont le poil long ou des pattes d'ours. Outre que ces semelles ainsi garnies les garantissent du froid, elles ont encore cet avantage par leur rudesse qu'on peut marcher sans aucun danger sur la glace.

Les plus belles chaussures dont ils se parent, sont des bottines larges, qu'ils attachent par en bas avec des courroies. La semelle est faite de peau blanche de veau marin, et l'empeigne de cuir teint en rouge, et brodé comme les habits; les quartiers sont de peau blanche de chien, et la partie qui couvre la jambe est de cuir sans poil, ou de peau de veau marin teinte. Cette chaussure est si magnifique dans le pays, que lorsqu'un jeune homme la porte on le soupçonne aussi-tôt d'avoir une maîtresse. Leurs bas sont faits de peau de chien. Mais le plus souvent ils s'entortillent le pied de l'herbe nommée *Tonchicht*, qui, suivant eux, est très-chaude, et qui a encore l'avantage de garantir les pieds de la sueur.

Autrefois ils portaient des bonnets ronds sans pointe, faits de plumes d'oiseaux et de peaux de bêtes, avec deux oreilles pendantes à chaque côté. Ils portent aujourd'hui, pendant l'été, des chapeaux faits d'écorce de bouleau, qu'ils attachent derrière la tête. Les femmes portaient autrefois des espèces de perruques, qu'elles regardaient comme un de leurs plus grands ornemens. Elles y étaient si atachées, que la plupart refusèrent d'embrasser le christianisme, parce que, pour les baptiser, il fallait leur ôter cet ornement, et que celles dont les cheveux frisaient naturellement, étaient obligées de les faire couper. Les filles tressaient leurs cheveux en petites queues, qu'elles enduisaient d'huile de veau marin pour les rendre luisans. Mais tout cela est changé aujourd'hui, les femmes et les filles se parent à la mode des femmes Russes. Elles portent des camisoles, des jupes, des chemises avec des manchettes, des coiffures fort hautes, des espèces de bonnets et des rubans. Les vieilles femmes seules restent attachées à leurs anciens habillemens.

Les femmes ne travaillent plus qu'avec des gants, qu'elles ne quittent jamais. Autrefois elles ne se lavaient jamais le visage ; mais à présent elles mettent du rouge et du blanc. Elles emploient pour le blanc, un bois vermoulu et pulvérisé, et pour le rouge une plante marine. Après avoir fait tremper cette plante dans de l'huile de veau marin, elles s'en frottent les joues qui deviennent d'une couleur vermeille : elles se parent, principalement pendant l'hiver, lorsqu'elles reçoivent des visites ou qu'elles en rendent. Si elles voient paroître un étranger, toutes courent se laver, mettent du blanc, du rouge, et se parent de leurs plus beaux habits.

La manière de voyager de ce peuple pendant l'hiver, se fait par le moyen des traîneaux tirés par des chiens. Ces animaux ne diffèrent en rien des nôtres. Ils sont pour l'ordinaire d'une taille moyenne et de différentes couleurs, mais plus communément blancs, noirs et gris.

Ceux dont on se sert pour le traînage sont coupés, et l'on en met ordinairement à un traîneau, deux proche le traîneau et deux en avant. On nomme ces quatre chiens un *narta*, de même qu'on appelle chez nous un attelage, plusieurs chevaux réunis à une voiture.

Les traîneaux sont faits de deux morceaux de bois courbés ; ils choisissent pour cet effet un morceau de bouleau qui ait cette forme ; ils le séparent en deux parties, qu'ils attachent à la distance de treize pouces, par le moyen de quatre traverses ; ils élèvent vers le milieu de ce premier châssis quatre montans, qui ont environ dix-neuf pouces d'équarrissage. Ils établissent sur ces quatre montans le siége qui est un vrai châssis, de trois pieds de long sur treize pouces de large ; il est fait avec des perches légères et des courroies. Pour rendre le traîneau plus solide, ils attachent encore sur le devant du traîneau un bâton qui tient par une de ses extrémités, à la première traverse, et par l'autre au châssis qui forme le siége.

Les harnois nécessaires pour l'équipage des traîneaux sont 1°., les traits, composés de deux courroies larges et souples qu'on attache sur les épaules des chiens, à une espèce de poitrail. Il y a au bout de chaque trait une petite courroie avec un crochet qu'on place dans un anneau qui est sur le devant du traîneau :

2°. une longue courroie qui sert de timon ; elle est attachée par un crochet à un anneau qui est affermi sur le devant du traîneau, et par l'autre bout au milieu d'une petite chaîne ; les chiens sont attachés à l'extrémité de cette chaîne, qui les empêche de s'écarter : 3°. la bride est une courroie garnie d'un crochet et d'une chaîne qu'on attache aux chiens de la volée ; elle tient par une de ses extrémités au traîneau : 4°. le collier est de peau d'ours dont le poil est en dehors : c'est un simple ornement.

Les Kamtchadals conduisent leurs chiens avec un bâton crochu, long d'environ trois pieds. On attache à l'extrémité plusieurs grelots, qu'ils secouent pour les faire aller avec plus de vîtesse. Ils les arrêtent en enfonçant le bâton dans la neige : quand ils veulent aller à gauche, ils crient *ouga* en frappant sur la neige ou sur le traineau avec le bâton. Ils crient *kna, kna,* quand ils veulent aller à droite, et le conducteur met en même tems un de ses pieds sur la neige afin de retarder leur vîtesse par le frottement. Ils ornent quelquefois ce bâton, ainsi que leurs traîneaux, de courroies de différentes couleurs, pour plus d'élégance. Ils s'asseyent sur le côté droit du traîneau, les jambes pendantes : ce serait un déshonneur de s'asseoir dedans, ou de se faire conduire par un guide, parce qu'il n'y a que les femmes qui s'y asseyent et qui prennent des guides.

Ces traîneaux sont très-difficiles à conduire, il faut être continuellement sur ses gardes pour conserver l'équilibre, autrement on est exposé à verser, parce que les chiens ne s'arrêtent point ordinairement qu'ils ne soient arrivés au gîte, ou qu'ils ne rencontrent quelque obstacle : si l'on verse, il faut tâcher de saisir le traîneau, et alors les chiens s'arrêtent bientôt de lassitude : ils ont ordinairement le défaut d'aller vîte lorsqu'ils sentent que leur conducteur est tombé ; ainsi que dans les descentes et lorsqu'on est obligé de traverser des rivières : on prend alors la précaution de dételer les chiens dans les descentes et de les conduire par la bride : on n'en laisse qu'un seul au traîneau et on met encore sous les glissoires du traîneau des anneaux faits de courroie, pour qu'ils ne descendent pas trop vîte.

On est obligé de mettre pied à terre dans les montagnes, les chiens ayant beaucoup de peine à y conduire le traîneau quoique vide. Quatre chiens tirent une charge d'environ cent soixante liv. sans y comprendre la provision du conducteur et la leur. Lorsque le chemin est frayé et battu, ils font malgré ce fardeau sept lieues environ par jours, et à peu-près quarante lieues à vide, surtout au commencement du printemps, lorsque la surface de la neige est couverte d'une glace très-solide, et qu'on a mis sous les traîneaux des glissoires faites d'os.

Lorsqu'il y a beaucoup de neige, on ne peut voyager avec des chiens sans avoir frayé les chemins : un guide précède alors le traîneau avec des espèces des raquettes, qui sont faites de deux ais minces, séparés par le milieu par deux traverses liées ensemble aux extrémités : celle de devant est un peu recourbée. Ces deux ais sont liés avec des courroies, et on en attache d'autres sur les traverses pour y placer le pied. Le conducteur, après avoir mis ses raquettes, prend le devant et fraye le chemin jusqu'à une certaine distance; ensuite il revient sur ses pas, fait avancer les chiens, et continue de la même manière à leur frayer le chemin, jusqu'à ce qu'il soit arrivé au gîte. Cette manière de voyager est si pénible, qu'on peut à peine faire deux lieues et demie par jour. On se sert aussi pour frayer le chemin, de patins ordinaires ; cependant, l'usage n'en est pas si fréquent : aucun conducteur ne marche pour une longue route sans des patins et des raquettes.

La plus grande incommodité de ces voyages,

est d'être surpris dans les déserts, par des ouragans accompagnés de neige; alors on est obligé de se réfugier le plus promptement qu'il est possible dans les bois, et d'y rester avec les chiens jusqu'à ce que l'orage soit dissipé : ces ouragans durent quelquefois une semaine entière. Les chiens pendant ce tems restent fort tranquilles; mais lorsqu'ils sont pressés par la faim, ils mangent toutes les courroies, les brides et tout l'attirail des traîneaux. Si la tempête surprend plusieurs voyageurs, ils font une espèce de hutte et la couvrent de neige; mais les Kamtchadals en font rarement, ils se mettent plutôt dans des creux qu'ils garnissent de petites branches, et s'enveloppant dans leurs pelisses ou fourrures, ils baissent leurs manches; bientôt la neige les couvre de façon qu'on ne leur voit ni les pieds ni les mains, ni la tête. Ils peuvent se retourner sous la neige comme une boule; mais ils observent avec beaucoup de précaution de ne pas faire tomber la neige sous laquelle ils se tiennent tapis comme dans leurs jourtes; il leur suffit d'avoir un trou par lequel ils puissent respirer: s'ils ont des habits trop étroits ou qu'ils soient trop serrés par la ceinture, ils disent que le froid est alors insupportable, parce que leurs habits devenant humides, ils ne peuvent plus se réchauffer.

Lorsqu'un ouragan les surprend dans une plaine, ils cherchent quelque petite colline, au pied de laquelle ils se couchent; et afin que la neige, en s'amassant sur eux, ne les étouffe point, ils se lèvent à chaque quart-d'heure pour la secouer ; mais comme les vents de l'est et du sud-est, sont accompagnés ordinairement de neige humide, il arrive souvent que les voyageurs qui en ont été mouillés, sont gelés ou meurent de froid, parce que les ouragans finissent presque toujours par des vents du nord et par une forte gelée.

On est encore exposé à perdre la vie en voyageant dans cette saison sur les rivières : on en rencontre beaucoup qui ne sont pas entièrement gelées; ou si elles le sont, on y trouve de grands trous qui ne gêlent pas, même dans les froids les plus rigoureux. Comme presque tous les chemins sont le long des rivières, dont les bords sont roides et montagneux, et dans quelques endroits presque impraticables, il se passe peu d'années qu'il ne périsse plusieurs personnes dans ces routes. On est obligé dans quelques endroits de passer sur l'extrémité de la glace ; et quelquefois elle se rompt; ou le traîneau glisse dans l'eau; alors on se noie à cause de la rapidité de la rivière. Si quelques voyageurs sont assez

heureux pour s'en tirer, l'humidité dont leurs
habits sont pénétrés les fait mourir dans les
plus vives douleurs, lorsqu'ils ne trouvent point
d'habitation dans le voisinage.

On est obligé dans ces voyages de traverser
des bois de saule fort épais; on court alors
risque de se crever les yeux, et de se rompre
les jambes; car c'est précisément dans les
endroits les plus difficiles et les plus périlleux
que les chiens emploient toutes leurs forces
pour courir plus vîte, et pour se délivrer de
leur fardeau : souvent ils renversent le traîneau et le conducteur, comme on l'a déjà dit.

Le tems le plus favorable et le plus propre
pour voyager, est au mois de mars et d'avril
(germinal et floréal), quand le froid est moins
rigoureux, et que la neige est encore ferme.
Mais on est obligé de passer deux ou trois
nuits dans les lieux déserts, et il est difficile
d'obliger les Kamtchadals à faire du feu pour
apprêter le manger, ou pour se chauffer ;
eux et leurs chiens ne se nourrissent que de
poissons secs; ils s'accroupissent sur le bout
des doigts du pied, s'enveloppent de leurs
pelisses, et ne comprennent pas que les
voyageurs puissent avoir froid : ils dorment
cependant dans cette situation gênante, sans
ressentir le moindre froid, et lorsqu'ils se

réveillent, ils ont aussi chaud et ont aussi bon visage, que s'ils avaient passé la nuit dans un bon lit. Cela est commun à toutes les nations de ces contrées. On a vu plusieurs de ces sauvages se coucher le soir le dos nu contre le feu, dormir d'un profond sommeil, quoique le feu fût éteint et qu'ils fussent couverts de givre.

Les Kamtchadals, avant d'être soumis aux Russes, n'avaient point l'ambition d'augmenter leurs puissances, ni d'étendre leurs frontières. Ils se faisaient néanmoins la guerre; et il ne se passait pas d'année, qu'il n'y eût quelque habitation de ruinée. Le but de leur guerre était de faire des prisonniers, et surtout de prendre des femmes, dont ils faisaient leurs concubines, ou leurs épouses. Ils s'embarrassaient peu si les raisons de faire la guerre étaient justes ou non. Quelquefois les habitations voisines prenaient les armes les unes contre les autres, à l'occasion des querelles que leurs enfans avaient eues ensemble, ou parce qu'un Kamtchadal après avoir invité quelqu'un de ses voisins ne le traitait pas comme il convenait. Ce dernier cas était regardé comme une injure qu'on ne pouvait réparer autrement, que par la destruction de l'habitation où cette insulte avait été commise.

Dans leurs guerres, la ruse est beaucoup plus en usage que la valeur. En effet ils sont si timides et si lâches qu'ils n'osent attaquer leurs ennemis ouvertement, à moins qu'ils n'y soient forcés par une nécessité indispensable. Cela est d'autant plus surprenant, que cette nation fait peu de cas de la vie, et que le suicide y est fréquent. C'est pendant la nuit qu'ils attaquent les habitations de leurs ennemis, ce qui leur est très-facile, parce qu'elles ne sont point gardées : une poignée de gens suffit pour massacrer un grand nombre d habitans sans courir aucun risque, et sans trouver de résistance. On est sûr de remporter une semblable victoire en s'emparant de l'entrée des jourtes, pour n'en laisser sortir personne, et en s'y tenant avec une massue ou une longue pique; car suivant la construction de ces jourtes, on n'en peut sortir qu'à la file. Ainsi un petit nombre d'hommes peut aisément tuer ou faire prisonniers tous ceux qui s'y trouvent.

Ils traitent leurs prisonniers, et surtout les plus distingués par leur valeur, avec la barbarie et l'inhumanité ordinaire à toutes les nations non civilisées: ils les brûlent, ils les coupent par morceaux, leur arrachent les intestins, les pendent par les pieds et leur font souffrir toutes sortes d'outrages et de cruautés, en
réjouissance

réjouissance de la victoire qu'ils ont remportée. Plusieurs Cosaques ont éprouvé ces supplices affreux pendant la grande révolte du Kamtchatka.

Les guerres que ces peuples se faisaient alors entre eux facilitèrent aux Cosaques les moyens de soumettre toutes cette nation ; car si les Cosaques attaquaient une habitation, ils n'avaient pas à craindre qu'elle fût secourue : au contraire, ses voisins se réjouissaient en voyant les Cosaques s'en rendre maîtres, ne prévoyant pas qu'ils allaient avoir le même sort.

Dans leurs guerres contre les Cosaques, ils employaient leurs ruses ordinaires. Ils en ont plus détruit par ce moyen que par les armes. Lorsque les Cosaques exigeaient des tributs de quelque habitation qui n'était pas encore soumise, on leur faisait rarement résistance ; mais on les recevait presque toujours comme des amis, et avec toutes sortes d'égards. On leur faisait de grands présens, on les régalait, et on ne leur refusait rien. Après les avoir ainsi trompés en leur ôtant toute défiance, les Kamtchadals profitaient de la nuit pour les massacrer ; ou bien ils sortaient de leurs jourtes pendant que les Cosaques étaient endormis, ils y mettaient le feu et les brûlaient tous. Par ces stratagêmes, ils firent périr en deux endroits près de soixante-dix Cosaques. Ce qui, eu égard au petit nombre de soldats employés dans ce pays, peut être regardé comme une perte pour les Russes. Il est même quelquefois arrivé que les Kamtchadals, n'ayant point trouvé l'occasion de faire périr les Cosaques, lorsqu'ils étaient venus les assujettir pour la première fois, payaient le tribut pendant deux ou trois années, et qu'ils égorgeaient ensuite ceux qui venaient en petit nombre pour les recevoir de nouveau.

Mais ces stratagêmes autrefois si funestes aux Cosaques, les obligent à se tenir aujourd'hui sur leurs gardes. Ils craignent les Kamtchadals, lorsqu'ils les comblent d'attentions et de caresses ; cet acceuil est à leur gré une marque de perfidie : ils ont la même crainte lorsque les femmes sortent pendant la nuit de leurs jourtes ; car elles ne peuvent voir répandre le sang, et leurs maris ne tuent jamais personne en leur présence : lorsqu'ils racontent leurs songes, qu'ils ont vu en rêve des morts et des mourans ; lorsqu'ils vont au loin se visiter les uns et les autres, c'est encore un indice qu'ils trament quelques trahisons, ou qu'ils sont prêts à se révolter, et que plusieurs habitations sont du complot.

Lorsque l'entreprise réussit, les Kamtchadals égorgent tous les Cosaques qu'ils rencontrent, et ceux de leurs compatriotes qui n'entrent point dans la ligue.

S'ils apprennent qu'on fait marcher des troupes contre eux, ils ne se préparent pas à se défendre en allant à leur rencontre ; mais ils choisissent les endroits les plus élevés, les plus escarpés, y bâtissent de petits forts, s'y retranchent, et y attendent leurs ennemis ; ils résistent avec valeur à ceux qui les attaquent, leur tirant des flèches, et employant toutes sortes de moyens pour opposer une vigoureuse résistance. Lorsqu'ils voient que l'ennemi a l'avantage sur eux, et qu'ils sont hors d'état de résister davantage, chaque Kamtchadal commence par égorger sa femme et ses enfans ; il se jette ensuite dans des précipices, ou s'élance au milieu des ennemis les armes à la main, pour ne pas mourir sans se venger : ils appellent cette action dans leur langue, *se faire un lit.* On vit quelques-uns de ces peuples, dans une circonstance où ils désespéraient de pouvoir se défendre, égorger toutes leurs femmes, et se précipiter ensuite dans la mer, du haut de la montagne où ils s'étaient campés.

Depuis l'assujettissement de cette contrée

par les Russes, il y a eu deux révoltes considérables, qui leur ont été très-funestes. Dans la première, ils assiégèrent Bolcheretskoï, avec tant de confiance dans leur grand nombre, qu'ils se vantaient d'étouffer avec leurs bonnets seulement, les Cosaques qui étaient renfermés dans cette habitation, au nombre de soixante-dix. Cependant trente-cinq d'entre eux firent une sortie ; les Kamtchadals, n'ayant pu soutenir leur choc, prirent la fuite, et chacun chercha à se sauver comme il put. En voulant regagner leurs canots, ils s'y jetèrent avec tant de précipitation qu'il s'en noya un grand nombre. On en tua en outre une si grande quantité que la rivière était couverte de corps morts.

Les rebelles d'un autre canton, n'avaient pas moins d'espérance de vaincre les Russes qui marchaient contre eux, puisqu'ils s'étaient munis de courroies pour les lier et les emmener; mais il en arriva tout autrement; ils furent eux-mêmes tués ou faits prisonniers. On avait envoyé cent-vingt Cosaques à cette expédition, et cent-cinquante naturels du pays. Ce qui peut faire juger quel était le nombre des ennemis, puisqu'ils se flattaient de prendre avec facilité tous les Russes.

Leurs armes consistent en arcs, flèches,

lances, piques et cottes-de-mailles. L'arc est fait de bois de melèse ; il est couvert d'écorce de bouleau, et les cordes sont de nerfs de baleines. Les flèches sont armées de pointes faites d'os ou de pierres aigues. Quoique leurs flèches soient fort mauvaises et fort mal faites, elles sont néanmoins très-dangereuses, parce qu'elles sont empoisonnées ; leurs blessures enflent aussi-tôt les parties qu'elles percent. Celui qui est dans ce cas, meurt ordinairement dans les vingt-quatre heures. Il n'y a d'autre remède que de sucer le poison répandu dans la plaie.

Leurs lances sont armées d'os ou de cailloux tranchans. Leurs piques sont armées de quatre pointes, attachées à un manche que l'on fiche au bout de longues perches. Leurs cottes-d'armes ou cuirasses sont faites de nattes, ou de cuir de veau ou de cheval marin qu'ils coupent en lanière, et qu'ils joignent l'une sur l'autre, de façon qu'elles peuvent se plier comme des baleines. Ils les mettent du côté gauche, et les lient sur le côté droit comme une camisole ; de plus ils s'attachent deux ais ou petites planches : celle du derrière est plus haute, elle sert à garantir la tête, et l'autre met la poitrine à couvert.

Ils ne se servent de leurs chiens et de

leurs traîneaux, en paix comme en guerre, que pour les longues marches, ou pour des voyages; mais quand ils ne vont pas loin, ils marchent à pied. Pendant l'été, ils font ordinairement usage de grands canots qui peuvent contenir plusieurs personnes.

Une chose fort singulière, c'est que lorsqu'ils vont à pied, ils ne marchent jamais deux de front, mais toujours seuls ; en allant à la file les uns des autres, ils suivent toujours le même sentier, qui par là devient fort creux et profond. Quelqu'un qui n'y serait pas accoutumé, ne pourrait y marcher qu'avec une extrême difficulté, vu qu'il est fort étroit, et qu'il n'y a de place que pour mettre un pied à la fois ; car ces peuples ne marchent qu'en mettant toujours un pied précisément devant l'autre, et presque sur la même ligne.

Quoiqu'il n'y eût point de chef au Kamtchatka avant l'invasion des Russes, et que chacun y vécût dans l'indépendance, cependant la haine et la passion de posséder ce qui flattait leurs sens, les excitaient à se faire la guerre; ils s'entre-détruisaient continuellement. Les femmes, l'envie de dominer, le besoin d'ustensiles, une injure, les armaient les uns contre les autres. Pour être en état de résister à l'ennemi, ils se soumettaient dans cette circonstance aux plus vieux, aux plus courageux, ou aux plus prudens. Lorsqu'ils avaient remporté quelques victoires, ils montraient à leurs chefs tout l'attachement et le zèle qu'il fallait pour le but qu'ils se proposaient ; ce but consistait à augmenter leurs médiocres possessions, à satisfaire leur vengeance, à faire un grand butin, et à partager entre eux avec égalité, les dépouilles de leurs ennemis.

On trouve chez ce peuple des preuves qu'il a eu quelques idées élevées, qu'il a aspiré à devenir conquérant. Il s'est divisé en plusieurs branches également puissantes. Les Koriaques furent les premiers qui, ayant abandonné les bords du Tigil, entrèrent dans le Kamtchatka, en suivant les côtes occidentales jusqu'à la grande rivière ou Bolchaia-Reka. Les Chautales suivirent leur exemple ; conduits par un chef aussi brave qu'habile nommé, dit-on, *Chaudal*. Comme ce chef avait formé le dessein d'étendre sa puissance, il travailla à acquérir, par la douceur, ce qu'il ne pouvait obtenir que par la force des armes, c'est-à-dire de se rendre tributaire tout le Kamtchatka. Cependant il se forma deux partis ; l'un vers la source de la rivière du Kamtchatka, qui se soutint jusqu'à l'arrivée des Russes, et le second du côté du cap des Kouriles. Mais ces derniers qu'on appelle *Kouriles*, passaient pour être invincibles, parce qu'ils attaquaient leurs ennemis à l'improviste, en venant par mer, sur des baidares, et ils s'en retournaient aussi-tôt avec les dépouilles enlevées, sans crainte d'être poursuivis, parce que les Kamtchadals n'ont point de Baidares qui puissent tenir la mer. Ils ont attaqué à différentes reprises plusieurs habitations, dont ils ont emmené prisonniers les femmes et les enfans.

Les Kamtchadals regardent comme leur dieu un certain *Koutkhou*, dont ils croient tirer leur origine. Ils ignorent qui a créé le ciel et les arbres; ils disent seulement qu'ils existaient avant la terre, sur la création de laquelle ils ont deux opinions différentes. Quelques-uns prétendent que Koutkhou tira la terre de son fils, appelé *Simskalin*, qui lui était né de sa femme *Ilkkhoum*, en se promenant avec elle sur la mer. D'autres croient que Koutkhou, et sa soeur *Khoutligitch*, ont apporté la terre du ciel, qu'ils l'ont affermie sur la mer, et que cet élément a été créé par *Outleigin*, qui y demeure encore aujourd'hui. Cependant tous conviennent en général, que Koutkhou a vécu dans le ciel avant la création de la terre.

Quelques-uns reconnaissent un dieu de la mer ; ils en admettent un autre pour les enfers ; et ils croient tous que ces dieux sont les frères de celui du ciel, qui, après avoir créé la terre, quitta le ciel et vint s'établir au Kamtchatka. Il eut alors un autre fils appelé *Tigil*, et une fille nommée *Sidouka* ; ils se marièrent ensemble lorsqu'ils en eurent atteint l'âge. Koutkhou, sa femme et ses enfans portaient des habits faits de feuilles d'arbres, et se nourrissaient d'écorce de bouleau et de peuplier ; car, suivant eux, les animaux terrestres n'avaient point encore été créés, et leurs dieux ne savaient point prendre le poisson.

Koutkhou abandonna un jour son fils et sa fille et disparut du Kamtchatka. On ignore ce qu'il devint ; ils prétendent qu'il s'en alla sur des patins ou raquettes, et que les montagnes et les collines se formaient sous ses pas, parce que ses pieds s'enfonçaient dans la terre comme dans de la glaise molle. Ils croient que leur pays était parfaitement uni avant ce tems-là.

Tigil Koutkhou eut un fils nommé *Amleia*, et une fille qu'ils appelèrent *Sidoukamchitch* ; le frère et la soeur se marièrent ensemble quand ils furent grands. Ils ne sont pas plus instruits sur la généalogie de leurs dieux ; ils assurent seulement que c'est d'eux que leur nation tire son origine. Tigil-Koutkhou voyant augmenter sa famille, songea aux moyens de pourvoir à sa subsistance ; il inventa l'art de faire du filet avec de l'ortie, pour prendre des poissons. Son père lui avait déjà appris à faire des canots. Ce fut lui qui leur enseigna à se faire des habits de peaux. Il créa les animaux terrestres, et établit pour veiller sur eux *Piliatichoutchi*, qui les protège encore aujourd'hui. On le dépeint d'une taille fort petite, revêtu d'habits faits de fourrures de goulus, dont les Kamtchadals, font beaucoup de cas. Il est traîné par des oiseaux, et surtout par des perdrix, dont ils s'imaginent quelquefois apercevoir les traces.

On ne peut rien concevoir de plus absurde que leur dieu Koutkhou. Ils ne lui rendent aucune espèce d'hommage et ne lui rendent jamais aucune grâce ; ils n'en parlent qu'en dérision. Ils racontent à son sujet les choses les plus indécentes. Ils lui reprochent d'avoir créé une trop grande quantité de montagnes, de précipices, d'écueils, de bancs de sable et de rivières rapides ; d'être la cause des pluies et des tempêtes dont ils sont souvent incommodés. De-là vient que lorsqu'ils montent ou qu'ils descendent en hiver des montagnes, ils lui disent toutes sortes d'injures, et l'accablent d'imprécations ; ils en agissent de même lorsqu'ils se trouvent dans quelques autres circonstances difficiles ou dangereuses.

Ils ont néanmoins un dieu qu'ils appellent communément *Doustekthitch*, et ils ont en quelque façon la même vénération et le même respect pour ce nom, que les Athéniens portaient à leur *dieu inconnu*. Ils dressent un pilier ou une espèce de colonne, au milieu de quelque grande plaine ; ils l'entortillent de l'herbe *tontchitche*, et ne passent jamais devant sans lui jeter un morceau de poisson ou de quelqu'autre chose. Ils ne cueillent jamais les fruits qui croissent à l'entour, et ne tuent jamais d'oiseaux, ni aucun animal dans le voisinage. Ils croient prolonger leur vie par ces offrandes, et qu'elle serait abrégée s'ils y manquaient. Cependant ils n'offrent rien de ce qui est bon, mais seulement les nageoires, les ouïes, ou des queues, qu'ils jetteraient s'ils n'en faisaient pas une offrande. Ils croient encore que tous les endroits dangereux, comme les volcans, les hautes montagnes, les fontaines bouillantes, les bois, &c. sont habités par des démons, qu'ils craignent et respectent plus que leurs dieux.

Ils appellent les dieux des montagnes *Komoul*. Ces dieux, ou suivant eux les génies malfaisans, habitent les grandes montagnes et particulièrement les volcans : aussi n'osent-ils s'en approcher; ils prétendent que ces mauvais génies vivent des poissons qu'ils prennent à la pêche ; ils descendent pendant la nuit des montagnes, et volent jusqu'à la mer pour y chercher leur nourriture ; ils emportent un poisson à chaque doigt, ils les font cuire à la façon des Kamtchadals; qui, en passant par ces lieux, jettent toujours quelques victuailles, qu'ils offrent à ces mauvais génies.

Les dieux des bois s'appellent *Ouohaktchou*. Ils disent qu'ils ressemblent aux hommes ; que leurs femmes portent des enfants qui croissent sur leurs dos et qui pleurent sans cesse. Ces génies, suivant l'opinion superstitieuses de ces peuples, égarent les hommes de leur chemin et leur font perdre l'esprit.

Ils appellent le dieu de la mer *Mitg*; ils lui donnent la forme d'un poisson. Son empire s'étend sur la mer et sur les poissons ; il envoie les poissons dans les rivières afin qu'ils y prennent du bois pour y construire des canots, et jamais dans l'intention qu'ils y servent de nourriture aux hommes; car ces peuples ne peuvent croire qu'un dieu puisse leur faire du bien.

Ils racontent plusieurs fables sur leur dieu *Piliatchoutchi*, dont nous avons déjà parlé. Ils disent qu'il habite sur les nuées avec plusieurs *Kamoulis*; que c'est lui qui fait briller les éclairs, qu'il lance la foudre et fait tomber la pluie. Ils regardent l'arc-en-ciel comme la bordure de son habit. Ce dieu, à ce qu'ils imaginent, descend quelquefois des nuages sur les montagnes, et il est tiré par des perdrix. Ils regardent comme un grand bonheur d'apercevoir les prétendues traces que laisse ce dieu. Elles ne sont autre chose que de petits sillons que le vent a laissé sur la surface de la neige ; ce qui arrive sur-tout dans les ouragans; ils craignent aussi ce dieu. Ils prétendent qu'il fait enlever leurs enfans dans des tourbillons par ses satellites, pour lui servir de girandoles, sur lesquelles il fait mettre des lampes remplies de graisse pour éclairer son palais.

Ils reconnaissent aussi un démon, qu'ils représentent très-rusé et trompeur. On voit aux environs d'une habitation du Kamtchatka, un aulne fort élevé et fort vieux, qui passe pour être sa demeure. Les Kamtchadals décochent toutes les années des flèches contre cet arbre ; de sorte qu'il en est tout hérissé.

Gaetch est, à ce qu'ils prétendent, le chef

du monde souterrain, où les hommes vont habiter après leur mort. Il a autrefois habité la terre. Ils donnent à un des premiers enfants de Koutkhou, l'empire sur les vents, et ils attribuent à sa femme *Savina*, la création de l'aurore et du crépuscule.

Ils regardent leur dieu *Touila*, comme l'auteur des tremblemens de terre, étant persuadés qu'ils proviennent de ce que son chien *Kosei*, qui le traîne dans un traîneau, secoue la neige qu'il a sur le corps, quand il va sous terre.

Toutes les idées qu'ils ont de leurs dieux et de leurs démons ou mauvais génies, sont sans liaison; si absurdes et si ridicules que ceux qui ne connaissent pas ces peuples, auront de la peine à croire qu'ils donnent toutes ces bizarres opinions pour des vérités incontestables; ils tâchent cependant de rendre raison le mieux qu'ils peuvent de tout ce qui existe dans la nature; ils cherchent même à pénétrer ce que peuvent penser les poissons et les oiseaux; mais ils ont le défaut de ne jamais examiner si l'opinion qu'ils ont reçue est vraie ou non. Ils adoptent tout avec facilité et sans réflexion.

Leur religion est principalement fondée sur d'anciennes traditions qu'ils conservent précieusement sans vouloir écouter aucun raisonnement qui pourrait les détruire. Il ne leur est jamais venu dans l'esprit qu'il y eût un être tout puissant, créateur de toutes choses, que l'on devait autant aimer que respecter à cause de ses bienfaits. Quand on a voulu leur parler de ce dieu suprême, ils ont tous répondu affirmativement, que jamais cela ne leur était venu dans l'idée, et qu'ils ne sentaient et n'avaient jamais senti pour cet Etre suprême, ni amour ni crainte.

Ils pensent que Dieu n'est la cause ni du bonheur ni du malheur, mais que tout dépend de l'homme. Ils croient que le monde est éternel, que les ames sont immortelles, qu'elles seront réunies au corps et toujours sujettes à toutes les peines de cette vie, avec cet avantage seulement, qu'elles auront tout en abondance dans l'autre monde, et qu'elles ne seront jamais exposées à endurer la faim.

Toutes les créatures, jusqu'à la mouche la plus petite, ressusciteront après la mort et vivront sous terre; ils croient que la terre est plate, et qu'au-dessous il y a un ciel semblable au nôtre, sous lequel est encore une autre terre, dont les habitans ont l'hiver lorsque nous avons l'été, et l'été lorsque nous avons l'hiver.

Quant aux récompenses de l'autre vie, ils

disent que ceux qui ont été pauvres dans ce monde, seront riches dans l'autre ; et que ceux qui sont riches ici deviendront pauvres à leur tour. Ils ne croient pas que Dieu punisse les fautes ; car celui qui fait mal, disent-ils, en reçoit le châtiment dès à présent.

Voici le conte qu'ils débitent sur l'origine de leur tradition. Il y a, disent ils, dans le monde souterrain, où les hommes passent après leur mort, un grand et fort Kamtchadal appelé *Gaetch*, qui est né de Koutkhou ; c'est le premier qui soit mort au Kamtchatka ; il a habité seul ce monde souterrain, jusqu'au moment où ses deux filles moururent et furent le rejoindre ; il passa alors dans notre monde pour instruire sa postérité ; et c'est lui qui leur a appris tout ce qui fait aujourd'hui l'objet de leur croyance ; mais comme plusieurs de leurs compatriotes moururent d'effroi en voyant revenir un mort parmi eux ; ils sont dans l'usage, depuis cette époque, d'abandonner tout-à-fait leurs jourtes, lorsqu'il y meurt quelqu'un, et ils en construisent de nouvelles, afin que si un mort revenait chez eux, comme Gaetch, il ne pût trouver leurs nouvelles habitations.

Ce Gaetch est, disent-ils, le chef du monde souterrain. Il reçoit tous les Kamtchadals qui
sont

sont morts, et il donne de mauvais chiens et des haillons à celui qui y vient revêtu de riches habits ou avec de beaux chiens ; au lieu qu'il fait présent de beaux chiens et de magnifiques habits à ceux qui y viennent déguenillés et avec de vieux chiens. Ils s'imaginent que les morts se construisent des jourtes, qu'ils s'occupent à la chasse, à la pêche, qu'ils boivent mangent et se réjouissent comme ils faisaient dans ce monde ci ; excepté qu'ils ne ressentent ni les peines ni les maux attachés à la condition humaine. Ils croient qu'on n'y essuie jamais ni ouragans ni tempêtes ; que la neige et la pluie y sont inconnues ; que toutes les choses nécessaires à la vie y sont en abondance, ainsi qu'au Kamtchatka du tems de Kontkhou. Ils pensent que ce monde empire de jour en jour, et que tout dégénère en comparaison de ce qui a existé autrefois ; car les animaux, aussi bien que les hommes, disent-ils, se hâtent d'aller s'établir dans ce monde souterrain.

Quant aux vices et aux vertus, ils en ont des idées aussi bizarres que de leurs dieux. Ils regardent comme une chose permise, tout ce qui peut satisfaire leurs désirs et leurs passions, et ils n'envisagent comme faute que ce qui leur fait craindre un dommage véritable ; ainsi le meurtre, le suicide, la fornication, l'adultère, etc. ne sont point des crimes. Ils croient au contraire que c'est une grande faute de sauver un homme qui se noie, parce qu'ils sont dans l'opinion que celui qui le délivre sera noyé lui-même. C'est aussi une impiété horrible de recevoir dans son habitation ceux qui étant couverts de neige sur les montagnes s'en sont débarrassés avant d'avoir mangé toutes leurs provisions de voyage : ces personnes ne peuvent entrer dans une jourte qu'après s'être déshabillés tout nus et avoir jeté leurs habits comme souillés. Boire de l'eau des sources chaudes, s'y baigner, monter sur les volcans ; c'est, suivant eux, s'exposer à une perte certaine, en commettant un crime que le ciel doit venger.

C'est un péché chez eux de se battre et de se quereller pour du poisson aigre, ainsi que d'avoir commerce avec leurs femmes lorsqu'ils écorchent les chiens ; de racler avec un couteau la neige qui s'attache à leur chaussure ; de faire cuire dans le même vase la chair de différentes bêtes et poissons ; d'aiguiser sa hache et ses couteaux, lorsqu'on est en voyage, ainsi que de faire d'autres puérilités de cette nature. Ils craignent que ces actions ne leur attirent quelques accidens facheux. Par exemple, des disputes et des batteries pour du poisson aigre, leur font craindre de périr ; s'il leur arrivait d'avoir un commerce avec leurs femmes dans le tems qu'ils écorchent leurs chiens, ils craindraient la gale ; s'ils raclent la neige avec le couteau, ils se croient menacés d'ouragans ; s'ils font cuire différentes viandes ensemble, ils se persuadent qu'ils seront malheureux dans leurs chasses, ou qu'ils auront des abcès ; s'ils aiguisent leurs haches dans le voyage, ils s'imaginent être menacés de mauvais tems et de tempêtes.

Les Kamtchadals révèrent encore différens animaux, et d'autres êtres dont ils ont quelque chose à craindre. Ils offrent du feu à l'entrée des terriers des zibelines et des renards : quand ils vont à la pêche, ils prient et conjurent, par les discours les plus flatteurs, les baleines et les kacatki, ou orea, parce que ces poissons renversent quelquefois leurs canots.

Les vieilles femmes passent dans ce pays pour magiciennes ; on les croit capables d'interpréter les songes. En faisant leur sortilége, elles ne frappent point sur des espèces de tambours ; elles ne se revêtent point d'habits particuliers pour cette cérémonie, comme il est d'usage chez les autres peuples de la Sibérie. Elles prononcent des paroles à voix basse sur les ouïes et les nageoires des poissons, sur l'herbe douce ou la sarana et le tonchitche ; c'est par ce moyen qu'elles prétendent guérir les maladies, détourner les malheurs et prédire l'avenir. Les paroles qu'elles prononcent, et le dieu qu'elles invoquent sont un mystère.

Leur principal sortilége se fait de la manière suivante. Deux femmes s'asseyent dans un coin, et murmurent à voix basse ; l'une s'attache au pied un fil fait d'orties, entortillées de laine rouge, et agite son pied. S'il paraît qu'elle lève le pied avec facilité, c'est un présage favorable, et un signe que ce qu'ils ont entrepris aura un heureux succès ; s'il paraît qu'elle remue le pied pesamment, c'est un mauvais augure : cependant elles invoquent les démons par les mots *gouche*, *gouche*, en grinçant les dents ; et quand elles ont quelque vision, elles crient en éclatant de rire, *khaï*, *khaï*, *khaï* : au bout d'une demi-heure les démons disparaissent, et la magicienne crie sans cesse *ichki* (ils n'y sont plus). L'autre femme qui lui aide, marmotte des paroles sur elle, et l'exhorte à ne rien craindre, mais à considérer attentivement les apparitions, et à se rappeler le sujet pour lequel elle fait les sortiléges. Quelques-uns disent lorsqu'il tonne et qu'il éclaire, que le dieu *Bilioukai* descend vers ces magiciennes, et qu'en prenant possession d'elles, il les aide à lire dans l'avenir.

S'il arrive un malheur à quelqu'un, ou s'il n'est point heureux à la chasse, il vient aussitôt trouver une de ces vieilles ou même sa femme : on fait alors une conjuration ou sortilége ; on examine la raison qui a pu occasionner ce malheur. On prescrit le moyen pour le détourner ; on en attribue la principale cause à la négligence de quelques pratiques superstitieuses ; et pour réparer la faute, celui qui a manqué à cette pratique, est obligé de tailler une petite idole ou figure, de la porter dans les bois, et de la mettre sur un arbre. Ces sortiléges ont également lieu dans le tems de leurs fêtes, dont il sera question plus bas.

Si un enfant vient au monde pendant une tempête ou un ouragan, on fait des sortiléges sur lui, lorsqu'il commence à parler, et on le reconcilie avec les démons de la manière suivante : on le déshabille tout nu pendant quelque violent ouragan ; on lui met entre les mains une coquille marine ; il faut que portant cette coquille en l'air, il coure autour de la jourte, du balagane et du chenil, en adressant ces mots à Bilioukai, et aux autres esprits malfaisans : « La coquille est faite pour » l'eau salée, et non pour l'eau douce ; vous » m'avez tout mouillé ; l'humidité me fera » périr. Vous voyez que je suis nu, et que » je tremble de tous mes membres. » Lorsque cela est fini, l'enfant est censé réconcilié avec les démons ; autrement on s'imagine qu'il est la cause des tempêtes et des ouragans.

Les Kamtchadals sont si curieux de songes, et y ont tant de foi, que la première chose qu'ils font le matin en s'éveillant, c'est de se les raconter les uns aux autres ; et c'est par ces songes qu'ils jugent de ce qui doit leur arriver. Ils ont des règles fixes et invariables pour leur interprétation : s'ils rêvent de vermines ; ils s'attendent à voir arriver le lendemain les Cosaques chez eux. S'ils rêvent qu'ils font leur nécessité ; ils croient que c'est un signe qu'ils auront des hôtes de leur nation. S'ils rêvent qu'ils jouissent d'une femme, c'est un présage d'une heureuse chasse. Ils croient aussi pouvoir prédire à un homme, le bonheur ou le malheur qui doit lui arriver, en regardant les lignes qu'il a dans la main ; mais ils cachent avec beaucoup de mystère, les règles de cet art. S'il vient à paraître une ligne ou une tache sur la main de quelqu'un, ou si elles viennent à disparaître, ils consultent aussi-tôt une vieille sorcière.

Ce peuple a une fête dans l'année, pendant laquelle il se purifie de ses fautes. Elle se célèbre dans le mois de novembre (frimaire), qui s'appelle par cette raison le mois *de la Purification des fautes;* on croit que sa première institution avait pour but de remercier Dieu de ses bienfaits. Mais par la suite elle a été obscurcie par des fables ridicules. Après avoir fini leurs travaux de l'été et de l'automne, ils croiraient commettre une grande faute de travailler, de se visiter les uns les autres, ou même d'aller à la chasse avant d'avoir célébré cette fête. Si quelqu'un s'écarte de cette conduite, soit volontairement ou par nécessité, il est absolument obligé d'expier sa faute et de se purifier. C'est en quelque façon ce qui donne lieu de croire que leurs ancêtres, après avoir préparé leurs provisions de bouche pour l'hiver, avaient coutume d'offrir à Dieu les prémices de leurs travaux, et ensuite de se réjouir ensemble en allant les uns chez les autres. Lorsqu'ils célèbrent cette fête, ils observent, entr'autres choses, plusieurs minuties qui ne méritent pas d'être rapportées. Voici un détail exact de ce qu'elle offre de plus curieux.

On commence d'abord par balayer la jourte; après cela deux vieillards tenant dans leurs mains un petit paquet de tonchitche, disent à voix basse quelques paroles sur les ordures de la chambre, qu'ils font aussi-tôt jeter dehors. Au bout d'une demi heure on ôte la vieille échelle, on nettoye le lieu où elle était; après quoi un des vieillards, après avoir prononcé tout bas quelques paroles, pose dans cet endroit un petit morceau de bois entortillé de tonchitche, ensuite on attache une échelle neuve en prononçant aussi tout bas plusieurs paroles, et on place la vieille contre la muraille. Il n'est pas permis de l'emporter avant d'avoir fini la fête. Cependant on enlève de la jourte les traineaux et les harnois des chiens, parce qu'ils croient que tout cet attirail n'est point agréable aux génies malfaisans qu'ils attendent pour la fête.

On apporte, quelque tems après, de l'herbe sèche qu'on jonche sur l'échelle; alors le même vieillard qui a prononcé les paroles à voix basse, s'approche de l'échelle avec trois femmes; il s'assied à droite de l'échelle, et les femmes à gauche. Chacun d'eux à une natte dans laquelle il y a de l'ioukola, de l'herbe douce, du caviar sec, de la graisse de veau marin, renfermée dans des boyaux et en morceaux. Ils font de l'ioukola une espèce de hachis qu'ils entortillent avec de l'herbe douce. Après avoir tout préparé selon leur usage, le vieillard et les vieilles femmes envoient chacun un homme dans le bois pour prendre un bouleau, en attachant à leur ceinture, sur leurs haches et sur leurs têtes, du tonchitche; ils leur donnent la natte avec la provision qu'elle renferme pour manger en chemin, et en gardent seulement un peu pour eux. Ensuite les vieillards et les femmes se lèvent de leurs places, font une fois le tour de l'échelle en agitant leurs touffes de tonchitche, et en prononçant le mot *alkhalalafaï*; ils sont suivis de ceux qui doivent aller dans le bois pour chercher le bouleau, qui partent aussi-tôt qu'ils ont fait le tour de l'échelle. Alors le vieillard et les femmes jettent leur tonchitche sur le foyer, et jettent les provisions qui leur restent aux petits enfans, comme pour les faire battre ensemble. Les enfans s'en saisissent et les mangent.

Les femmes font une figure de baleine avec leur herbe douce et leur joukola, qu'on emporte hors de la jourte et qu'on pose sur la balagane; ensuite on chauffe la jourte, et le vieillard, après avoir creusé un petit fossé devant l'échelle, apporte une barbue enveloppée de tonchitche, et la met dans le fossé après avoir prononcé tout bas quelques paroles. Il commence par tourner lui-même trois fois sur la place ; ensuite les hommes, les femmes, jusqu'aux petits enfans en font autant.

Après cette cérémonie l'autre vieillard se met à faire cuire de la sarane dans des auges échauffées avec des pierres rougies au feu. C'est avec cette sarane qu'ils s'imaginent régaler les esprits malfaisans. Cependant ceux qui ont sur eux les idoles appelées *ourilidatchs*, les enveloppent d'herbes douces ; les autres font des idoles nouvelles appelées *itoung*, et les enfoncent dans les plafonds au-dessus du foyer.

Un vieillard de la troupe apprête dans la jourte un tronc de bois de bouleau, et commence à faire une idôle qu'ils appellent *khaotaï*; lorsqu'elle est faite, le chef de l'habitation lui attache le premier l'herbe douce ou tonchitche ; après cette offrande on place cette nouvelle statue sur le foyer à côté de l'ancien khantaï. Le premier vieillard prend deux petites pierres, et après les avoir entortillées avec du tonchitche, il murmure sur elles quelques paroles ; il les enterre ensuite dans différens coins du foyer ; il allume du feu et place les petits enfans autour de l'échelle pour attrapper les idoles qu'on doit jeter dans la jourte par l'ouverture ; les enfans les saisissent et les enveloppent d'herbe douce ; l'un d'eux prend la nouvelle idole khantaï, la traîne par le cou autour du foyer ; les autres le suivent en criant *alkhalalalaï* et la mettent ensuite dans sa première place.

Les vieillards s'asseoient ensuite en rond autour du foyer : le premier qui a déjà prononcé quelques paroles, prend dans ses mains une pelle enveloppée de tonchitche et adresse au feu les paroles suivantes : « Koutkhou nous a » ordonné de t'offrir une victime chaque an- » née ; c'est ce que nous accomplissons : en » conséquence nous te prions de nous être » propice, de nous défendre et de nous pré- » server des chagrins, des malheurs, et des » incendies. » Le vieillard prononce ces paroles à plusieurs reprises, les autres vieillards se lèvent, frappent des pieds, battent des mains en criant *alkhalalalaï*. Cette cérémonie achevée, tous les vieillards quittent leurs places, se prennent l'un et l'autre par la main, et se mettent à danser en criant *alkhalalalaï* ; ce que répètent tous ceux qui sont dans la jourte.

Pendant ces cris, les femmes et les filles commencent à sortir de leurs coins en lançant des regards terribles, tournant la bouche, faisant les grimaces les plus affreuses, et s'approchant de l'échelle, elles lèvent les mains en haut; elles font ensuite des mouvemens extraordinaires, se mettent à danser et à crier de toutes leurs forces, après quoi elles tombent l'une après l'autre à terre comme si elles étaient mortes. Les hommes les emportent et les mettent où elles ont coutume de passer la nuit; elles y restent couchées et comme privées de tout sentiment, jusqu'à ce qu'un vieillard vient prononcer tout bas quelques paroles sur chacune d'elles en particulier : les femmes et les filles, sur lesquelles le vieillard a prononcé quelques paroles, crient beaucoup et pleurent comme si elles avaient ressenti une violente douleur, ou qu'elles soient accablées d'un grand chagrin.

Le vieillard après avoir fait son sortilége sur la cendre, la jette en haut deux fois avec une pelle, et toute l'assemblée fait après lui la même chose; ensuite ce vieillard ayant rempli de cendre deux espèces de paniers faits d'écorce d'arbre, envoie deux hommes pour emporter cette cendre hors de la jourte. Ils sortent par l'ouverture qu'on appelle *chopkhade* et répandent la cendre sur le chemin. Au bout de quelque tems, ils étendent autour de toute la jourte une corde faite d'herbe, à laquelle on attache d'espace en espace du tonchitche.

Le jour se passe à faire toutes ces cérémonies : mais sur le soir ceux qu'on avait envoyés pour chercher le bouleau reviennent, et s'étant joints à un certain nombre de Kamtchadals qui étaient sortis, ils apportent au-dessus de la jourte un des plus grands bouleaux qu'ils ont coupés tout près de la racine. Ils commencent à frapper avec le bouleau à l'entrée de la jourte, battent en même tems des pieds et crient de toutes leurs forces. Ceux qui sont dans la jourte leurs répondent de la même façon.

Ces cris durent plus d'une demi-heure, après quoi une fille, comme transportée de fureur, s'élance du coin où elle est, et après avoir monté rapidement l'échelle saisit le bouleau. Plusieurs autres femmes accourent pour l'aider ; mais le *toion* ou chef de l'habitation se tenant sur l'échelle, les empêche de l'enlever. Cependant on descend cet arbre dans la jourte, et lorsqu'on peut le toucher d'en bas, toutes les femmes s'en saisissent, se mettent à le tirer à elles en dansant et en jetant des cris effroyables ; mais ceux qui sont sur la jourte le retirent avec force : après quoi toutes les femmes tombent à terre comme si elles étaient possédées de quelque démon, excepté la fille qui avait saisi la première le bouleau : elle s'y tient suspendue, et ne cesse de crier qu'après que le bout de l'arbre est sur le plancher ; alors elle tombe comme morte, de même que les autres femmes.

Le vieillard désenchante toutes les femmes et les filles de la même manière qu'auparavant, et les fait revenir promptement, en prononçant tout bas quelques paroles; il n'y a qu'une fille sur laquelle il reste plus long-tems. Cette fille revenant à elle, se met à crier qu'elle a fort mal au coeur; ensuite elle confesse ses fautes, s'accusant d'avoir écorché des chiens avant la fête. Le vieillard la console, l'exhorte à supporter avec courage la douleur qu'elle s'était attirée elle-même, pour ne s'être pas purifiée de ses fautes avant la fête, et n'avoir pas jeté dans le feu des nagoires ou des ouïes de poisson.

Au bout d'une heure ou d'une heure et demie, on jette dans la jourte des peaux de veaux marins, dans lesquelles on a mis du joukola, de l'herbe douce et des boyaux remplis de graisse de veaux marins, On y jette encore les quatre nattes qui avaient été données avec des provisions, à ceux qu'on avait envoyés pour chercher le bouleau. On trouve dans les nattes des copeaux de bouleau et tout le reste de leurs provisions. Tous les Kamtchadals qui sont présens partagent entre eux le poisson qui est dans ces peaux, l'herbe douce et la graisse ; ils étendent ces peaux au pied de l'échelle, et ils font de ces copeaux de bouleau de petites idôles à tête pointue, en l'honneur de ces démons, qu'ils croient s'emparer des femmes lorsqu'elles dansent. Ils nomment ces idoles *Kamoude*. Les peaux de veaux marins dont nous avons déja parlé, sont destinées dès l'automne à ces démons, lorsque les Kamtchadals vont à la chasse de ces animaux, et c'est pour cette raison qu'ils ne les emploient à aucun usage ; ils se contentent de coucher dessus.

Quand ils ont fait cinquante-cinq petites idoles, ils les rangent les unes à côté des autres, et commencent par leur enduire le visage de *brousnitsa* (1), après quoi ils leur présentent sur trois vases de la sarane pilée et mettent devant chaque idole une petite cuiller. Ils y laissent quelque tems ce mets, et quand ils les croient rassasiées, ils mangent eux-mêmes la sarane. Ensuite après avoir fait des bonnets avec de l'herbe, ils leur attachent

---

(1) *Vaccinium* Linn. Suec. Spect. 3.

au cou de l'herbe douce et du tonchitche ; ils les lient en trois paquets, que deux hommes jettent dans le feu en poussant de grands cris et en dansant. Ils brûlent en même-tems les petits copeaux qui sont restés lorsqu'on avait fait les idoles.

Vers minuit environ une femme Kamtchadale entre dans la jourte par la seconde ouverture, ou chopkhade, portant une espèce de baleine attachée sur son dos ; elle est faite d'herbe douce et de poisson au commencement de la fête. Cette femme se met à ramper autour du foyer, suivie de deux Kamtchadals qui tiennent des boyaux remplis de graisse de veaux marins, enveloppés d'herbe douce. Ces deux hommes, en faisant des cris semblables au croassement d'une corneille, frappent la baleine avec leurs boyaux. Lorsque la femme a passé le foyer, tous les enfans de la jourte se jettent sur elle, et arrachent la baleine qu'elle a sur le dos. La femme s'enfuit par la même ouverture qu'elle est venue ; mais un Kamtchadal, qui est hors de la jourte exprès pour cela, la saisit, et l'ayant ramenée sur la jourte, il se met à la descendre le long de l'échelle la tête en bas. Quelques femmes et filles courent pour la recevoir en poussant toujours de grands cris : après quoi toutes se
mettent

mettent à danser ensemble, et à crier jusqu'à ce qu'elles tombent à terre. On marmotte des paroles comme auparavant ; cependant les Kamtchadals partagent et mangent la baleine que les enfants ont arrachée à la femme.

Ils chauffent la jourte immédiatement après, et les femmes se mettent à préparer le manger, chacune ayant apporté un vase et un mortier : elles commencent par piler des racines de *chelamain* (1), des oeufs de poissons, de l'herbe nommée *hipreï* (2), avec de la graisse de veau marin ; et après avoir fait de tout cela comme une pâte, le vieillard saisit un vase, s'approche de toutes les femmes pour prendre à chacune une cuillerée de ce qu'elles pilent, après quoi il donne le vase à l'autre vieillard, qui, en prononçant tout bas quelques paroles, désenchante les femmes tombées dans une espèce d'extase. Ce vieillard s'assied près du feu, tenant ce qui vient d'être pilé, ou le *Tolkoucha*; et ayant prononcé quelques paroles suivant l'usage, il en jette au feu une petite partie, et rend le reste au premier vieillard. Celui-ci donne encore à chaque femme une cuillerée de cette pâte, à la place de celle qui avait été prise

---

(1) *Ulmaria fructibus Hispidis.* Stell.
(2) *Epilobium.* Linn. Succ. Sp. I.

pour servir d'offrande. La nuit se passe dans ces cérémonies, et aucun des Kamtchadals ne se couche.

Le lendemain, 22 novembre, vers les neuf heures du matin, on étend devant l'échelle deux peaux de veaux marins, au milieu desquelles on met une natte où s'asseyent trois vieilles femmes. Chacune d'elles a un paquet de petits cordons de courroie, bigarré de poil de veau marin et de tonchitche. Elles sont aidées par un vieillard, qui après avoir pris les cordons, et les avoir fait un peu brûler, les leur rend. Les vieilles femmes s'étant levées de leurs places, marchent l'une après l'autre dans la jourte, et la parfument partout avec ces cordons allumés ; et pendant qu'elles les promènent, les Kamtchadals, ainsi que leurs enfans, s'empressent de les toucher, comme si c'était une chose sacrée.

Après avoir parfumé tous ceux qui sont dans la jourte, les vieilles femmes s'asseyent à leurs premières places, et une d'elles ayant pris les cordons des autres, se promène pour la deuxième fois, en les appliquant à tous les piliers et aux poteaux de la jourte. Cependant tous les Kamtchadals se mettent à crier, et les vieilles femmes, qui ont des paquets de ces cordons, dansent et entrent en fureur comme auparavant. La troisième de ces vieilles fait la même chose, après s'être promenée dans la jourte. Enfin toutes tombent à terre comme mortes.

Celui qui les a aidées, prend les cordons de cette vieille qui est tombée à terre, les met sur l'échelle, et les y tient jusqu'à ce que tous ceux qui sont dans la jourte, sans exception, les ayent touchés; ensuite il les distribue dans chaque coin où chacune des femmes en prend en proportion du nombre de sa famille; elles les passent sur chaque homme, après s'être premièrement parfumées elles-mêmes, leurs maris et leurs enfans.

Au bout d'une demi-heure, les Kamtchadals étendent devant l'échelle une peau de veau marin, et attachent un enfant à chacun des deux poteaux qui sont à côté de l'échelle. Deux vieillards qui entrent dans la jourte, demandent à ces enfans quand leur père sera de retour? A quoi tous les Kamtchadals répondent, cet hiver. Les vieillards sortent après avoir posé devant chacun des enfans un boyau rempli de graisse de veau marin, et enveloppé d'herbe douce; mais étant revenus peu après, ils commencent à crier et à danser; et tous ceux qui sont dans la jourte poussent de grands cris à leur exemple.

Cependant une femme entre par la seconde

ouverture, ou chopkhade, tenant devant elle un loup fait d'herbe douce et farci de graisse d'ours, des boyaux remplis de celle de veau marin, et d'autres provisions de bouche. Cette femme est suivie du chef de l'habitation, qui tient à sa main un arc bandé; la femme et lui ont la tête et les mains enveloppées de tonchitche. La ceinture et la flèche du chef sont ornées de guirlandes de la même herbe. La femme fait le tour de la jourte le long des murailles, suivie de toutes les personnes de cette habitation qui dansent et qui jettent de grands cris. Quand elle est arrivée à l'échelle, quelques Kamtchadals ayant saisi le loup qu'elle tenait, montent promptement jusqu'au haut de la jourte. Toutes les femmes qui entourent l'échelle font tout ce qu'elles peuvent pour monter et reprendre le loup; mais les hommes, qui se tiennent sur l'échelle, les en empêchent; et quoiqu'elles en ayent jeté quelques-uns du haut en bas, cependant elles ne peuvent exécuter leur dessein. Comme elles n'en peuvent plus, elles tombent accablées de fatigue, et on les porte en divers endroits, où elles sont désenchantées comme auparavant. Après cela le chef, qui se tient un peu éloigné de l'échelle, ayant toujours son arc bandé, s'en approche et tire contre le loup :

les autres hommes qui sont en bas, tirent à eux le loup, et après l'avoir déchiré, ils le mangent, ne laissant qu'un peu de graisse d'ours pour régaler les idoles Khantaï.

Quoique les Kamtchadals ne soient pas plus en état de rendre raison de cette cérémonie, que de celle de la baleine; quoiqu'ils ignorent si elle a rapport à leurs opinions superstitieuses ou non, et pourquoi elle se pratique; il paraît cependant que ce n'est qu'un simple divertissement, ou un emblême du desir qu'ils ont de prendre et de manger des baleines et des loups, avec la même facilité que ceux qu'ils font avec de l'herbe. Et voici la fable qu'ils racontent à ce sujet.

Un Kamtchadal habitait sur le bord d'une certaine rivière; il avait deux fils fort jeunes; en allant à la chasse, il fut obligé de les laisser seuls dans sa jourte, et de les attacher au poteau pour qu'ils ne se fissent point de mal. Pendant son absence, des loups vinrent demander à ces enfans si leur père serait bientôt de retour. Ces enfans répondirent, dans l'hiver; cependant saisis de crainte, ils restèrent long-tems privés de sentiment. Le père revint de la chasse, et ayant appris ce qui s'était passé, il alla pour prendre les loups, et les tua à coup de flèche. A l'égard de la cérémonie de la baleine, celle qui se fait d'herbe, est la représentation des baleines mortes qui flottent quelquefois sur la mer, et que les vagues poussent sur le rivage. Les corbeaux qui sont faits de boyaux, représentent ces oiseaux carnassiers qui dévorent les cadavres des baleines ; et les petits enfans qui les déchirent représentent les Kamtchadals qui coupent leur graisse.

Lorsque la scène du loup est finie, un vieillard brûle du tonchitche, qu'il prend par paquet de chaque famille, et qu'il assemble pour l'offrir au feu. Il parfume deux fois la jourte avec cette herbe ; il met tout le tonchitche brûlé sur le foyer, excepté un paquet qu'il suspend au plafond, au-dessus du foyer, où il reste toute l'année.

Bientôt après on apporte dans la jourte des branches de bouleau, suivant le nombre des familles. Chaque Kamtchadal prend une de ces branches pour sa famille, et après l'avoir courbée en cercle, il fait passer à travers par deux fois sa femme et ses enfans, qui en sortant de ce cercle, se mettent à tourner en rond. Cela s'appelle chez eux se purifier de ses fautes.

Quand tous se sont purifiés, les Kamtchadals sortent de la jourte avec ces petites branches par le joupana ou la première ouverture ;

et sont suivis de tous leurs parens des deux sexes. Lorsqu'ils sont hors de la jourte, ils passent pour la seconde fois à travers ce cercle de bouleau, après quoi ils enfoncent ces verges ou petites branches dans la neige, en inclinant le bout du côté de l'orient. Les Kamtchadals, après avoir jeté dans cet endroit tout leur tonchitche et avoir secoué leurs habits, rentrent dans la jourte par la véritable ouverture, et non par le joupana.

Parmi ceux qui sont sur la place où l'on s'était purifié, s'il se trouve une fille malade, le vieillard la fait asseoir sur la neige : appuyé sur son bâton et courbé devant elle, il est près d'une demi-heure à prononcer des paroles sur cette fille. Enfin, après lui avoir secoué les habits avec une baguette, il la laisse aller dans la jourte.

La purification étant faite, les Kamtchadals apportent un oiseau sec, et un saumon de l'espèce de ceux qu'ils appellent *goltsi*, qu'on prépare exprès ; après les avoir un peu grillés, ils les coupent en différens morceaux, s'approchent ensuite du feu et les y jettent en trois fois pour servir d'offrande aux esprits malfaisans qui viennent à leurs fêtes et qui s'emparent des femmes. Les Kamtchadals disent qu'ils demeurent sur les nues, qu'ils ressemblent à des hommes, excepté qu'ils ont la tête pointue ; qu'ils sont de la grandeur d'un enfant de trois ans, et qu'ils portent des habits faits de peaux de renards, de zibelines et de goulus.

Comme ils croient que ces esprits entrent dans la bouche des femmes au nombre de cinquante et plus, on leur a souvent demandé comment un si grand nombre d'esprits de cette grandeur pouvaient se faire un passage à travers la gorge qui est si étroite, qu'il paraît impossible d'y faire passer la main d'un enfant de cet âge ? *Cela est aussi étonnant pour nous*, répondent-ils, *mais peut-être sont-ils plus petits, quoiqu'ils nous paraissent de cette grandeur.*

Ensuite on chauffe la jourte, et après avoir fait rougir des cailloux, ils font cuire dans des auges du poisson séché ; et ils mangent après avoir versé le bouillon sur les Khantaï, sur les idoles, et sur le bouleau qui est encore dans la jourte.

Quand il faut retirer ce bouleau, deux hommes montent au-dessus de la jourte, en grimpant le long du bouleau ; car il n'est pas permis de monter par l'échelle. Alors ceux qui sont dans la jourte donnent le bouleau à ceux du dehors, et ces derniers, après l'avoir promené autour de la jourte, l'emportent sur le balagane, où il reste toute l'année sans qu'on le regarde avec la moindre vénération. C'est par-là que finit la fête.

Les Kamtchadals septentrionaux diffèrent beaucoup des méridionaux dans leurs cérémonies. Après avoir balayé leurs jourtes ils font des séparations sur les bancs, au-dessus desquels on a mis des perches horisontalement, avec des têtes grossièrement taillées, qu'on appelle *ourilidatches*.

Outre ces têtes, on place autour du foyer du bois sec pour l'usage de la fête. Les Kamtchadals septentrionaux vont chercher du bois et des perches pour ces fêtes, avec les mêmes cérémonies que les méridionaux vont chercher le bouleau.

Quelque tems après toutes les femmes sortent de la jourte, et se dispersent dans les balaganes. Quand elles reviennent, les vieilles femmes descendent les premières; ensuite les jeunes filles et les autres femmes; mais avant d'entrer dans la jourte, elles y jettent de l'herbe douce, à laquelle quelques femmes ont attaché du kiprei et du ioukola. Deux Kamtchadals, espèce de *serviteurs*, particulièrement destinés pour cette fête, prennnent ces provisions, et les suspendent sur les têtes qui se trouvent au-dessus des endroits où l'on doit s'asseoir. Chaque femme qui est entrée dans la jourte, met ensuite sur le foyer un peu de tonchitche, après quoi elle s'en va à sa place.

Une des femmes descend dans la jourte avec deux jeunes filles jumelles. Elle tient dans ses mains de l'herbe douce, et les filles ont dans les leurs et sur la tête, du tonchitche. Cette femme, qui a élevé ces deux filles, ôte ensuite le tonchitche de dessus leur tête, le met sur le foyer, et les filles jettent aussi dans le feu le tonchitche qu'elles tiennent dans leurs mains. Leur mère reste seule dans la jourte.

Après cela on amène devant le foyer une vieille femme infirme, qui a, comme les autres, sur la tête et dans les mains, du tonchitche : elle le jette dans le feu, et le secoue en prononçant quelques paroles.

Bientôt après deux hommes sortent des coins de la jourte, s'asseyent aux côtés de l'échelle en tenant des haches et des morceaux de bois. Les serviteurs leur apportent, de chaque coin, du ioukola, et le posant sur des morceaux de bois qu'ils tiennent à leurs mains, ils le coupent en morceaux, en disant : *que ioukola dure long-tems, et qu'il ne manque point dans nos balaganes* ! Les serviteurs rapportent le ioukola à moitié coupé dans les mêmes coins, et après en avoir rompu un petit morceau et l'avoir jeté dans le feu, ils rendent le reste à celui qui le leur a donné. Ensuite ils se mettent à manger, en s'excitant tous les deux d'un coin à l'autre, et c'est par-là que finit le premier jour de fête à onze heures du soir.

Le lendemain de grand matin, un homme et une femme de chaque famille partent pour aller trouver leurs amis dans les ostrogs voisins, afin de ramasser des provisions pour la fête, car quoiqu'ils en ayent suffisamment, c'est la coutume d'en recueillir pendant ce tems chez leurs voisins; de même que chez nous on va chercher des oeufs pour les poules que l'on veut faire couver.

Ils reviennent à l'habitation sur le soir, et la femme après avoir chauffé la jourte, se met à préparer le manger, à piler des baies et des racines : ces préparatifs durent presque toute la nuit. Cependant on a soin que le feu ne s'éteigne point sur le foyer, avant que les mets soient apprêtés ; car le laisser éteindre, ce serait, selon eux, commettre une grande faute.

Ils ferment la jourte deux heures avant le jour, immédiatement après avoir préparé le repas ; et les femmes s'occupent jusqu'au point du jour à faire des cordes d'herbe, à enveloper les têtes de poissons de tonchitche, à mettre sur leur cou des espèces de petites guirlandes d'herbes ; elles prononcent des paroles qu'on n'entend pas. Cette cérémonie achevée, les serviteurs commencent à ramasser les têtes de poissons qui sont enveloppées de tonchitche, pour en faire des offrandes au feu : ils les mettent sur le foyer, et chaque fois qu'ils posent une tête, ils s'asseoient près de l'échelle, sur un gros tronc d'arbre ou espèce de billot. Après cela tous ceux des deux sexes qui sont dans la jourte, depuis le plus grand jusqu'au plus petit, arrachent et jettent les guirlandes de tonchitche qui sont sur eux, et s'approchent du foyer. Quelques femmes ayant ensuite arrangé en forme de cercle les cordes de cette herbe, passent à travers les cercles, et les mettent sur le foyer ; c'est ce qui est regardé chez eux comme la purification des fautes.

Immédiatement après cette purification, un vieillard s'approche du foyer, et ayant prononcé quelques paroles sur les herbes et le tonchitche qui avaient été jetés sur le foyer, il se met à en faire des cordes ou des espèces de liens, qu'il secoue par deux fois dans la jourte, en prononçant de toute sa force des paroles que les autres répètent après lui. Cela signifie chez eux que l'on chasse toute les maladies de l'habitation.

Enfin un Kamtchadal purifie près du foyer deux de ses filles jumelles, en mettant sur le foyer un poisson qu'ils appellent *khakahaltcha* (1), et de l'herbe nommée *omeg* (2), qu'ils tirent de petits sacs qu'il avait pendus au-dessus de son lit.

Peu de tems après les serviteurs sortant des quatre coins de la jourte en se croisant, prennent du ioukola, et en régalent toutes les idôles ourilidatches. Tous les Kamtchatdals et les serviteurs les enduisent, les uns de tolkoucha, les autres de sarane, ou de quelques autres mets; ils se régalent ensuite les uns les autres en passant d'un côté de la jourte à l'autre, pour se donner mutuellement à manger avec une cuiller.

Lorsque leur repas est fini, deux Kamtchadals s'étant déshabillés tout nus, prennent dans leurs mains un *khomiaga* (vase dans lequel ils vont puiser de l'eau); et reçoivent, des serviteurs, en place d'habits, de petites guirlandes qu'on a ôtées aux idoles ourilidat-

---

(1) *Obolarius aculeatus*. Stell.
(2) *Cicuta aquatica*. Gmel.

ches. Quand on leur a mis sur le cou ces petites guirlandes, ils sortent de la jourte, et vont vers la rivière pour chercher de l'eau. Ils marchent à la file l'un de l'autre : le premier a dans sa main un seau ou khomiaga et du tolkoucha : le second a aussi un vase pareil, et un *loutchina*, petit morceau de sapin long et menu qu'on brûle pour s'éclairer (1).

A la sortie de la jourte, deux Kamtchadals s'asseyent quelques momens auprès de l'échelle. Celui qui marche le premier, étant parvenu au trou fait dans la glace pour y puiser de l'eau, la casse avec une espèce de pilon autour de ce trou, y puise de l'eau en tournant premièrement le khomiaga ou seau contre le courant, et après suivant le fil de l'eau. Tous les autres en font de même et chacun emporte autant d'eau qu'il a pu en puiser en une fois. Ils s'en vont ensuite dans le même ordre qu'ils sont venus ; étant arrivés sur leur jourte, ils y font descendre les seaux avec des cordes et avec beaucoup de précaution pour ne pas laisser tomber la moindre quantité d'eau, ce qu'ils regardent comme une grande faute. Deux garçons, restés pour cela, les

---

(1) Espèce de longue allumette, dont on se sert beaucoup en Russie et en Pologne.

reçoivent; car les serviteurs de la jourte sont allés eux mêmes chercher de l'eau. Ils restent sur la jourte jusqu'à ce qu'on ait descendu tous les seaux. Cependant ils crient quatre fois de toutes leurs forces, en battant des mains et en frappant des pieds. Celui qui tient à la main une loutchina, étant entré dans la jourte, la met dans le feu, la trempe ensuite dans tous les seaux remplis d'eau, que l'on vient d'apporter; et après en avoir retiré un morceau de glace, il le jette dans le feu, et donne à tous les assistans à boire de l'eau, comme de l'eau bénite.

Les femmes vont ensuite dans les balaganes avec ce qu'elles ont conservé des mets dont on s'était régalé, et elles y restent. Après cela les vieillards font sortir tous les hommes, parce qu'ils ont à faire une cérémonie secrète, à laquelle personne ne peut assister excepté quelques vieillards et les deux serviteurs.

D'abord les serviteurs ayant chauffé la jourte, suivant l'ordre des vieillards, y apportent des poignées d'herbes séches, et les jonchent. Après cela ils étendent dans la jourte et sur tous les bancs, des nattes faites d'herbes, et allument, dans les deux coins, des vases remplis de graisse; ensuite tous les vieillards se mettent à lier du tonchitche; et après l'avoir fait passer de main en main, ils le suspendent à de petits piquets fichés sur la muraille, et ordonnent aux serviteurs de ne laisser sortir ni entrer personne. Ayant alors fermé la porte de la jourte, ils se couchent et s'entretiennent sur la chasse et sur la pêche.

Au bout de quelque tems ils ordonnent à un serviteur de gratter à la porte, ensuite de l'ouvrir et d'apporter du balagane, une mâchoire et une tête entière de poisson. Lorsqu'il les a apportées, un vieillard les reçoit et les ayant enveloppées dans du tonchitche, il marmotte sur elles quelques paroles, et va s'asseoir auprès du foyer. Les autres vieillards s'approchent de lui, et après avoir foulé aux pieds la mâchoire et la tête de poisson, et passé à travers le foyer, ils retournent à leur place. Les serviteurs sortent ensuite de la jourte, et c'est par-là que finit leur première cérémonie secrette.

Au bout de deux heures, tous les Kamtchadals, hommes, femmes et enfans qui avaient été malades, ou qui avaient couru le danger d'être noyés pendant cette année, s'assemblent dans la jourte ; les femmes entortillent de tonchitche la tête de tous les hommes et des enfans : après leur avoir donné dans une main du tonchitche, et dans l'autre de l'herbe douce,

douce, ils les font sortir de la jourte; mais ils tournent auparavant avec l'herbe douce autour de l'échelle; et lorsqu'ils sont montés sur la jourte, ils en font trois fois le tour, en commençant du côté où le soleil se lève. Après cela, se tenant toujours sur la jourte, ils déchirent en petits morceaux l'herbe douce et le tonchitche, et les jettent dans la jourte. Ensuite ils descendent dedans, et ayant ôté de dessus eux les guirlandes de tonchitche, ils les mettent sur le foyer. Ceux qui ont été malades pendant cette année, les foulent aux pieds, et retournent à leur place. A l'égard de ceux qui ont été exposés au danger de se noyer, ils se couchent sur l'endroit où est le feu, représentent tous les mouvemens qu'ils faisaient en luttant contre les flots et appellent par leur nom ceux dont ils imploraient le secours. Ceux-ci s'étant approchés du foyer, les tirent de dessus la cendre, comme s'ils les eussent retirés de l'eau.

Enfin on apporte la mâchoire du poisson, et elle est jetée dans le foyer, en criant : *tou tou, tou*. On met en pièces, dans les deux côtés de la jourte, deux poissons appellés *rogatka* (1), et on en jette les morceaux sur le

---

(1) *Pisciculus aculeatus.*

plancher. Cependant les serviteurs qui étaient sortis, éteignent les lampes qu'on avait allumées, ramassent les nattes d'herbes dont la jourte était couverte, allument un petit feu dans lequel ils mettent une pierre; et ayant brûlé toutes les guirlandes qui ont été sur les têtes des malades et de ceux qui sont tombés dans l'eau, ils ordonnent aux enfans d'éteindre le feu avec des pierres. C'est de cette manière que finit la cérémonie secrette, et on ne fait plus rien ce jour-là.

Le surlendemain on chauffe la jourte dès le matin. On met devant le feu deux bottes d'herbe sèche ou de paille, et des baguettes liées ensemble. Les serviteurs de la fête se tiennent debout l'un et l'autre auprès de ces deux paquets. Lorsque le feu est bien embrasé, et après avoir passé de main en main ces bottes, ils se mettent à les délier, et donnent les baguettes aux hommes. Quelques-uns les rompent en petits morceaux; d'autres les plient en cercles, prononçant certaines paroles. Quant à la paille, on la transporte du côté du foyer, et les Kamtchadals se mettent à faire le *pom*. C'est une figure semblable à un homme, de la hauteur d'environ une demi archine. Ils lui mettent un priape de la longueur de deux toises ou même d'avantage. On pose cette figure la tête du côté du feu, et l'on attache son priape au plafond. Pendant qu'on est occupé à faire ce pom, quelques Kamtchadals prennent chacun une tige d'herbe au feu, et sortent de la jourte pour aller frotter les piliers de leurs balaganes. Quand ils sont revenus, ils jettent ces tiges d'herbe au feu, aussi-bien que les baguettes qu'ils avaient distribuées.

Quand le pom est resté quelque tems suspendu, un vieillard le détache ; et après avoir courbé cet énorme priape en forme d'arc, il le brûle un peu au feu, et l'agitant dans la jourte, il prononce ce mot *oufaï*. Tous ceux qui sont présens, crient après lui *oufaï* : ensuite on brûle cette figure ; après quoi, l'on se met à balayer la jourte, et on rassemble près de l'échelle toutes les ordures. Chacun des Kamtchadals en prend une petite partie pour l'emporter dans le bois, et en répand sur le chemin par lequel ils vont à la chasse. Les femmes en même tems sortent de la jourte, et s'étant réunies toutes ensemble ; elles ne forment plus qu'un groupe. Les hommes revenus du bois, se tiennent debout sur la porte, et crient quatre fois en battant des mains et frappant des pieds, après quoi ils entrent dans la jourte. Mais les femmes s'étant mises à leurs places, crient plusieurs fois *alouloulou*.

Cependant la jourte est déjà chauffée, et

l'on commence, suivant la coutume, par jeter dehors les tisons ; mais les femmes qui
sont sur la jourte s'en saisissent, les rejettent
dedans ; et pour que les hommes ne puissent
plus en jeter, elles couvrent avec des nattes
la porte ou l'ouverture, et s'asseyent elles-
mêmes sur les bords de ces nattes. Des hommes,
après avoir monté à l'échelle, ouvrent la porte
par force, et étant sortis, ils chassent les
femmes de dessus la jourte. Pendant ce tems-
là les autres hommes se hâtent de jeter des
tisons; mais comme le nombre des femmes surpasse celui des hommes, les unes les retiennent
et quelques autres rejettent les tisons dans la
jourte, où il n'est presque pas possible de
rester à cause de la fumée et des étincelles ;
car les tisons volent continuellement, tant en
haut qu'en bas, comme des fusées volantes.
Ce jeu dure près d'une demi heure : enfin les
femmes n'empêchent plus de jeter des tisons;
mais elles se mettent à traîner par terre les
hommes qui sont sortis pour les chasser;
d'autres sortent de la jourte pour venir à leur
secours, et les délivrent.

 Après cela les femmes chantent quelques
momens sur la jourte; elles descendent ensuite dedans; les hommes sont rangés en haie
aux deux côtés de l'échelle, et tâchent d'at-

tirer à eux les femmes qui descendent ; ce qui fait naître une espèce de combat. Le parti vainqueur emmène comme une prisonnière, la femme qu'il a prise.

Après le combat, on fait l'échange des prisonnières ; Quand l'un des deux partis n'a pas fait assez de prisonnières pour racheter les siennes, il va comme à force ouverte pour les délivrer, et il se donne un nouveau combat.

Quand le combat est fini, on fait un petit feu, et on brûle les guirlandes de tonchitche qui pendent sur les idoles Ourilidatches, et dans d'autres endroits. Les serviteurs apportent de petits poissons de l'espèce appelée *Goltsi*, et après les avoir fait cuire, ils les coupent en petits morceaux sur une grande planche un peu creuse, qu'ils mettent du côté droit de l'échelle. Après cela paraît un vieillard qui jette dans le feu une grande partie de ces poissons, en prononçant le mot *ta*, c'est-à-dire, *prends*. Les serviteurs de la fête distribuent le reste à tous les Kamtchadals qui ont sur eux les petites idoles Ourilidatches. Les tisons de ce feu ne sont point jetés comme les autres hors de la jourte, mais on les brûle tout-à-fait ; enfin ils partagent entre eux l'*omeg* qui restait dans des sacs après la purification des filles jumelles.

La dernière cérémonie de cette fête consiste à aller dans les bois, et à y prendre un petit oiseau qu'on rôtit, et qu'on divise en petits morceaux pour être distribués à tous les Kamtchadals, qui le jettent dans le feu, après en avoir un peu goûté.

Cette fête était célébrée par les Kamtchadals pendant un mois entier, avant l'arrivée des Russes au Kamtchatka ; elle commençait à la nouvelle lune. Cela donne lieu de croire que leurs ancêtres avaient des vues plus sages, et qu'elle a été établie sur des fondemens solides ; d'autant plus que ces peuples, comme on a pu le voir dans la description que nous venons de donner, jettent encore aujourd'hui tout dans le feu, et qu'ils regardent comme une chose sacrée tout ce que l'on brûle pendant la fête. En effet la nouvelle lune, aussi-bien que le feu sacré, a toujours été en vénération chez plusieurs nations, et particulièrement chez les Hébreux ; ils sont les seuls, qui, observant en cela l'ordre que Dieu leur avait donné, et la tradition de leurs pères, n'ont point perdu le véritable culte après le déluge ; tandis que chez les autres nations, comme chez les Kamtchadals, il n'en est demeuré que quelques traces, et que tout le reste s'y est altéré.

Festins et Divertissemens des Kamtchadals.

Les Kamtchadals font des festins, lorsqu'une habitation en veut régaler une autre, et surtout lorsqu'il se fait quelque mariage, quelques grandes chasses ou pêches : ces festins consistent principalement à manger avec avidité, à danser et à chanter. Les maîtres de la maison donnent alors à leurs hôtes de grandes tasses ou sebiles remplies d'*opanga*; et les convives en mangent une si grande quantité qu'ils sont souvent obligés de vomir. Ils se servent quelquefois, pour se régaler, d'une espèce de champignons venimeux, qui sont connus en Russie sous le nom de *Mucho-more* (qui tue les mouches). Ils les font tremper dans une boisson fermentée faite de Kipprei (1), qu'ils boivent ensuite, lorsqu'ils mangent de ces champignons; et pour les avaler tout entiers avec plus de facilité, ils en font des espèces de rouleaux, cette manière de les manger est la plus usitée.

---

(1) Epilobium.

Le premier symptôme et le plus ordinaire par lequel on connaît que ces champignons venimeux commencent à produire leur effet, est un tremblement ou une convulsion dans tous les membres, qui se fait sentir au bout d'une heure, et quelquefois plutôt ; il est suivi d'une ivresse et d'un delire semblable à celui d'une fièvre chaude. Mille fantômes gais ou tristes, suivant la différence des tempéramens, se présentent à leur imagination. Quelques-uns sautent, d'autres dansent ou pleurent, et sont dans des frayeurs terribles. Un petit trou leur paraît une grande porte, une cuillerée d'eau, une mer. Il n'y a cependant que ceux qui font un usage immodéré de ces champignons, qui tombent dans ces délires ; car ceux qui en usent avec modération, n'en deviennent que beaucoup plus légers, plus vifs, plus gais, plus hardis et plus intrépides. L'état où ce champignon les met, est semblable à celui où l'on dit que les Turcs se trouvent lorsqu'ils ont bu de l'opium.

Tous les Kamtchadals assurent que tous ceux qui en mangent, sont excités par la puissance invisible du Mucho-more, qui leur ordonne de faire toutes ces folies. Mais toutes leurs actions, à ce qu'ils prétendent, sont alors si dangereuses pour eux, que si on ne les gardait pas à vue, ils périraient presque tous.

Voici des effets de ces champignons sur quelques Cosaques qui en avaient mangé. Le Mucho-more ordonna, dit-on, à un domestique du lieutenant colonel Merlin, qui était alors au Kamtchatka, d'étrangler son maître, en lui représentant que tout le monde admirerait cette action, et il l'auroit effectivement exécuté, si ses camarades ne l'en eûssent empêché.

Un autre habitant de ce pays s'imagina voir l'enfer, et un gouffre affreux de feu où il allait être précipité, et qu'une puissance invisible, qu'ils croient être le champignon, lui ordonnait de se mettre à genoux, et de confesser ses péchés. Ses compagnons, qui étaient en grand nombre dans la chambre où il faisait sa confession, l'écoutèrent avec beaucoup de plaisir : il croyait en effet confesser secrettement ses péchés devant Dieu. Ils s'amusèrent beaucoup, parce qu'il s'accusa de quantité de choses qu'il n'aurait certainement pas dit à ses camarades.

On rapporte qu'un soldat ayant mangé un peu de Mucho-more avant de se mettre en route, fit une grande partie du chemin sans être fatigué ; enfin après en avoir mangé encore jusqu'à être ivre, il se serra les testicules et mourut.

Un interprète ayant bu de la liqueur de ce champignon, sans le savoir, devint si furieux, qu'il voulait s'ouvrir le ventre avec un couteau, suivant l'ordre, disait-il, du Mucho-more ou champignon. Ce ne fut qu'avec bien de la peine qu'on l'en empêcha, et on ne lui arrêta le bras que dans le moment qu'il allait se frapper.

Les Kamtchadals et les Koriaques fixes mangent du Mucho-more, lorsqu'ils ont desscin de tuer quelqu'un. Au reste ces derniers en font tant de cas, qu'ils ne laissent pas pisser par terre ceux qui sont ivres, pour en avoir bu ou mangé ; mais ils leur mettent un vase devant eux pour recevoir leur urine qu'ils boivent ensuite : ce qui leur procure la même ivresse que le champignon. Ils ne pratiquent cette espèce d'économie, que parce qu'il ne croît point de ces champignons chez eux, et qu'ils sont obligés de les acheter des Kamtchadals. La dose modérée est de quatre champignons au moins ; mais pour s'enivrer, il faut en manger jusqu'à dix.

Comme les femmes sont sobres, elles n'en font jamais usage ; tous leurs divertissemens se bornent à causer, danser et chanter. Voici quelle est leur danse; deux femmes, qui doivent danser ensemble, étendent une natte sur le plancher au milieu de la jourte, et se mettent à genoux l'une vis-à-vis de l'autre, en tenant dans la main un paquet de tonchitche; elles commencent à hausser et baisser les épaules, et à remuer les mains, en chantant fort bas et en mesure; ensuite elles font insensiblement des mouvemens de corps plus grands, en haussant leur voix à proportion, ce qu'elles ne cessent de faire que lorsqu'elles sont hors d'haleine, et que leurs forces sont épuisées. Cette danse est aussi extraordinaire, que sauvage et désagréable; mais les Kamtchadals la regardent avec le plus grand plaisir. Ils ont d'autres sortes de danse.

La première espèce est généralement en usage chez les Kouriles de Kourilskaïa-Lopatka, de même que chez tous les Kamtchadals qui vont à la pêche des bêtes marines sur des canots. Ils ont pris cette danse depuis fort long-tems des Kouriles qui habitent les îles éloignées, et elle est regardée comme la danse des Matelots. Les Cosaques l'appellent *Kaiouchki*, ce qui vient du mot Kamtchadal, *Kaiouchkouking*. Les Kamtchadals méridionaux l'appellent *Irskina*, et les Kouriles, *Rimseg*.

Voici quelle est cette espèce de danse : dix hommes et dix femmes, filles ou garçons, parés de leurs plus beaux habits, se rangent en cercle, et marchent avec lenteur en levant en mesure un pied après l'autre. Ils prononcent tour-à-tour quelques mots, de façon que quand la moitié des danseurs a prononcé le dernier mot, l'autre moitié prononce les premiers, comme si quelqu'un lisait des vers par syllabes. Tous les mots qu'ils emploient dans cette danse sont tirés de leur chasse et de leur pêche, et quoique les Kamtchadals les prononcent en dansant, cependant ils n'en entendent pas la plus grande partie, parce que plusieurs de ces mots sont tirés de la langue des Kouriles; ils ne les chantent point, mais les prononcent du même ton, comme, par exemple, *Tipsainkou, Fravantag, Tkeani, Tifrorpa* (détache la Baidare, et la tire près du rivage).

Si les danses sont barbares et sauvages, les cris qu'ils poussent alors ne sont pas moins étranges. Cependant ils paraissent y prendre tant de plaisir, que quand ils ont commencé, ils ne cessent point qu'ils ne soient hors d'haleine, et que leurs forces ne soient épuisées. C'est un grand honneur chez eux pour celui qui peut danser plus que les autres; quelquefois ils dansent sans discontinuer pendant douze et quinze heures, depuis le soir jusqu'au matin ; et il n'en est pas un dans la jourte qui ne souhaite jouir de ce plaisir. Les vieillards, même les plus caducs, ne refusent point d'y employer ce qui leur reste de force. Au reste, si l'on compare cette danse avec la description que fait le baron de la Hontan, de celles des Américains du Canada, on trouvera entre les unes et les autres une grande ressemblance.

Les femmes ont une danse particulière ; elles forment deux rangs, les unes vis-à-vis des autres, et mettent leurs deux mains sur le ventre ; puis se levant sur le bout des doigts des pieds, elles se haussent, se baissent, et remuent les épaules, en tenant leurs mains immobiles, et sans sortir de leur place.

Dans la quatrième espèce de danse, tous les hommes se cachent en différens coins : un d'eux ensuite bat des mains, en sautant tout-d'un-coup comme un insensé ; il se frappe la poitrine et les cuisses, lève les mains en l'air et fait des mouvemens extraordinaires. Après celui-ci, un second, un troisième et un quatrième, font la même chose, en tournant toujours en rond.

Voici la cinquième espèce de danse. Ils se

courbent sur les genoux en s'accroupissant, et, dans cette posture, ils dansent en rond en battant des mains et faisant des figures singulières. Cette danse commence par un seul homme ; les autres sortant des coins de la jourte viennent danser avec lui.

Les Kamtchadals ont encore une ancienne danse qui leur est propre. Les Méridionaux l'appellent *Kaioutelia*, et ceux du Nord *Kouzekinga*; elle s'exécute de la manière suivante.

Les filles et les femmes s'asseyent en rond ; une d'elles se lève ensuite, et après avoir commencé à chanter une chanson, elle agite les bras, tenant dans ses mains, sur le doigt du milieu, du tonchitche, et elle remue tous les membres avec tant de vîtesse, que l'on ne saurait s'empêcher d'en être frappé d'étonnement. Ces femmes imitent avec tant d'art les cris de différentes bêtes et de divers oiseaux, que dans un instant et dans la même voix on entend distinctement trois différens cris. Ils ont encore une danse en rond.

Les Kamtchadals ont un grand plaisir à contrefaire les étrangers dans la façon de parler, dans la démarche, dans la manière d'agir ; en un mot dans tout ce qu'ils leur voient faire. Dès que quelqu'un arrive au Kamtchatka, les habitans lui donnent premièrement un sobriquet, ils examinent ensuite toutes ses actions, et au milieu de leurs divertissemens, ils s'étudient à le contrefaire. Ils prennent aussi beaucoup de plaisir à fumer du tabac et à raconter des histoires ; ils préfèrent la nuit au jour pour leurs amusemens; ils ont aussi des bouffons, dont la profession est de divertir les autres ; mais leurs plaisanteries sont si obscènes, qu'il serait indécent d'en parler ici.

De l'amitié des Kamtchadals, et de leur façon de traiter particulièrement leurs hôtes.

A propos des jeux et des divertissemens, c'est ici l'occasion de faire mention de ce qui se pratique aux cérémonies nuptiales : nous avons dit plus haut (1), que lorsqu'un amoureux est parvenu à toucher sa maîtresse, le mariage est terminé; mais tout n'est pas encore fini pour cela. D'ailleurs l'amant n'arrive pas toujours au but qu'il se propose, et ses tentatives peuvent durer une année entière, ou même plus. Dans ces circonstances, il est quelquefois si maltraité, qu'il

---

(1) Voyez page 33.

est long-tems à se guérir de ses blessures, ou à recouvrer ses forces. Il y a plus d'un exemple de quelques-uns de ces amans, qui, au lieu d'obtenir leur maîtresse après avoir persévéré sept ans, n'ont eu que des plaies et des contusions, et ont été estropiés, ayant été jetés du haut des balaganes par les femmes. Quand l'amant heureux a touché sa maîtresse (bonheur qui peut lui être facilité ou interdit à la recommandation secrette de celle qu'il aime), il a la liberté de venir coucher avec elle la nuit suivante; le lendemain il l'emmène dans son habitation, sans aucune cérémonie. Il revient quelque tems après chez les parens de son épouse pour célébrer la nôce. On observe alors les cérémonies que nous allons décrire.

L'époux, accompagné de ses parens et de sa femme, s'embarque sur trois grands canots, et va rendre visite à son beau-père. Les femmes, assises dans ces canots avec la jeune mariée, sont pourvues abondamment de provisions de bouche, de joukola, de graisse de veau marin et de baleine, de la sarane, etc. Les hommes, sans en excepter le jeune marié, sont tout nus, et conduisent les canots avec des perches.

Lorsqu'ils sont à cent toises environ de l'Ostrog, ils mettent pied à terre, et commencent

mencent à chanter, à faire des sortiléges, ou conjurations, et à attacher des guirlandes de tonchitche à des baguettes, prononçant quelques paroles sur une tête de poisson sec, qu'ils entortillent aussi de la même herbe, et qu'ils donnent à une vieille femme qui est avec eux.

Le sortilége achevé, on passe à la jeune mariée, par-dessus ses habits, une camisole de peau de mouton, à laquelle sont attachés des caleçons et quatre autres habits par-dessus, de sorte qu'elle est comme un mannequin, étendant les mains et ayant peine à se remuer : ils remontent ensuite dans leurs canots, et vont jusqu'à l'habitation où ils abordent.

Un des plus jeunes garçons qui a été envoyé de l'habitation du beau-père, conduit la jeune mariée depuis l'endroit où on a abordé jusqu'à la jourte : les autres femmes viennent après elle.

Lorsqu'on l'a menée sur la jourte, on met autour d'elle une courroie, avec laquelle on la descend dedans. Elle est précédée par la vieille, à qui on a donné la tête de poisson qui est mise devant l'échelle, et foulée aux pieds par tous ceux de l'un et de l'autre sexe qui sont du voyage, par le jeune marié et son épouse ; enfin par la vieille même, qui place cette tête sur le foyer à côté du bois préparé pour chauffer la jourte.

Après qu'on a ôté à la mariée les habille-mens superflus qu'on lui a mis en chemin, tous ceux qui sont venus avec elle, se placent, et s'asseyent dans différens endroits. Le jeune marié chauffe la jourte, et après avoir préparé les provisions qu'il a apportées, il en régale les habitans de l'Ostrog de son beau-père. Le lendemain, celui-ci traite les convives, suivant l'usage, avec profusion, et ils partent le troisième jour; excepté les jeunes mariés, qui restent encore quelque tems pour travailler chez leur beau-père.

Les habits superflus dont nous avons parlé, sont distribués aux parens, qui, à leur tour, doivent faire aux mariés des présens; ceux qui ne sont pas en état de les rendre, ne doivent point en recevoir.

Toutes ces cérémonies ne regardent que ceux qui se marient en premières noces. Lorsqu'on épouse une veuve, les fiançailles et le mariage ne consistent que dans une convention sans aucune cérémonie; mais on ne peut coucher avec une veuve, qu'elle n'ait été purifiée de ses fautes, et il faut à cet effet qu'elle ait commerce avec un autre homme que celui qui doit l'épouser; mais il n'y a qu'un étranger, ou quelqu'un au-dessus des préjugés de honte et d'infamie, qui veuille rendre ce service aux veuves, cette action étant regardée, par les Kamtchadals, comme très-déshonorante; aussi les veuves ne trouvaient autrefois, qu'avec beaucoup de peine et de dépense, des hommes pour les purifier, et elles étaient quelquefois obligées de rester veuves toute leur vie. Mais depuis que les Cosaques sont établis au Kamtchatka, elles ne sont plus si embarrassées, elles trouvent des hommes tant qu'elles veulent, pour les absoudre de leurs fautes.

Le mariage n'est défendu chez eux qu'entre un père et sa fille, une mère et son fils. Un beau-fils peut épouser sa belle-mère, et un beau-père sa belle fille, et les frères épousent leurs cousines germaines, etc.

Les Kamtchadals font divorce avec leurs femmes sans aucune formalité; car tout le divorce ne consiste qu'en ce que le mari et la femme ne couchent point ensemble. Dans ce cas il épouse une autre femme, et celle-ci un autre mari, sans qu'il soit besoin d'autre cérémonie.

Chaque Kamtchadal a jusqu'à deux ou trois femmes qui demeurent quelquefois dans la même jourte, et quelquefois dans des endroits séparés. Il va coucher successivement tantôt avec l'une, tantôt avec l'autre ; à chaque femme qu'il prend, il est assujetti à la cérémonie du toucher, dont nous avons déja parlé. Au reste, quoique les Kamtchadals soient fort adonnés à l'amour des femmes, ils ne sont pas si jaloux que les Koriaques. Ils ne font point attention dans leurs mariages aux marques de la virginité, et s'embarrassent peu que les filles qu'ils prennent soient vierges ou non : on prétend même que les gendres font des reproches à leurs beaux-pères, lorsqu'ils trouvent leurs femmes pucelles : c'est néanmoins ce qu'on ne saurait assurer positivement. Les femmes ne sont pas plus jalouses que les hommes, puisque deux ou trois femmes d'un même mari vivent, non-seulement ensemble en bonne intelligence, mais qu'elles supportent les Koektchoutchi, que quelques-uns d'eux entretiennent au lieu de concubines.

Lorsque les femmes sortent, elles se couvrent le visage avec le coqueluchon de leur robe. S'il arrive qu'elles rencontrent un homme sur le chemin, dans un endroit si étroit, qu'il soit impossible de se détourner, elles lui tournent le dos, restent immobiles dans le même endroit, et attendent qu'il soit passé, ne voulant ni se découvrir ni être vues. Lorsqu'elles sont dans leurs jourtes, elles se tiennent assises derrière des nattes, ou des rideaux faits d'orties; celles qui n'ont point de rideaux, tournent leur visage du côté de la muraille, lorsqu'elles voient entrer un étranger, et continuent leurs ouvrages. Cette coutume n'a lieu que parmi celles qui n'ont point encore quitté leur ancienne grossièreté, les autres ne sont pas si sauvages. Au reste, toutes les femmes Kamtchadales parlent avec rudesse et grossièreté, d'une façon très-rebutante, et comme si elles étaient en colère.

De la naissance et de l'éducation des Enfans.

On peut dire en général que la nation Kamtchadale n'est pas des plus fécondes : on n'a point entendu dire qu'un Kamtchadal ait jamais eu dix enfans de la même femme.

Leurs femmes accouchent aisément, excepté dans les accidens fâcheux, lorsque l'enfant ne se présente pas comme il devrait. On rapporte qu'une femme près d'accoucher, étant sortie de sa jourte, y revint au bout d'un quart-d'heure avec un enfant, sans qu'il parût la moindre altération sur son visage. Une autre fut trois jours en travail, et accoucha, à son grand étonnement, d'un enfant qui avait d'abord présenté le derrière. Les magiciennes ou prêtresses en attribuèrent la cause à ce que son père faisait un traîneau dans le tems que l'enfant était sur le point de naître, et qu'il pliait du bois en arc sur ses genoux : ceci peut faire juger des autres idées ridicules des Kamtchadals.

Les femmes accouchent en se tenant à genoux, en présence de tous les habitans de l'Ostrog, sans distinction d'âge ni de sexe. Elles essuyent l'enfant avec l'herbe tonchitche, lui lient le nombril ou cordon avec un fil d'ortie, et le coupent avec un couteau fait d'un caillou tranchant, puis jettent le placenta ou l'arrière-faix aux chiens. Elles mettent sur le nombril, qui vient d'être coupé, de l'herbe kiprei mâchée : au lieu de langes, elles enveloppent l'enfant dans du tonchitche. Tous les habitans le prennent ensuite tour-à tour dans leurs mains, le baisent et le caressent, en se réjouissant avec le père et la mère : voilà à quoi se borne toute la cérémonie.

Quoiqu'il y ait des accoucheuses parmi elles, on ne peut pas dire que ce soient des sages-femmes de profession. Si l'accouchée a sa mère, c'est ordinairement elle qui sert de sage-femme.

Les femmes qui désirent avoir des enfans,

mangent des araignées ; quelques-unes mangent le cordon ombilical avec de l'herbe kiprei, pour devenir plutôt enceintes. Il y en a beaucoup d'autres, au contraire, qui font périr leur fruit par des drogues, ou qui ont recours, pour cet effet, à des moyens affreux, étouffant leurs enfans dans leur sein, et leur rompant les pieds et les mains. Elles se servent pour cela de vieilles femmes expérimentées dans de pareils forfaits; mais il leur en coûte souvent la vie. Si ces mères dénaturées ne font pas toujours périr leurs enfans dans leur sein, elles les étranglent en naissant, ou les font manger tout vivans aux chiens. Elles emploient quelquefois une décoction faite avec l'herbe appelée *Koutakhiou*, et différens sortiléges, pour être stériles. La superstition est souvent la cause de leur barbarie; car quand une femme accouche de deux enfans, il faut absolument qu'un des deux périsse. On fait la même chose lorsqu'un enfant naît pendant un tems d'orage, et l'on regarde ces deux circonstances comme malheureuses : dans ce dernier cas néanmoins ils ont quelquefois recours à des sortiléges pour détourner la mauvaise influence de l'orage.

Après que les femmes sont accouchées,

elles se rétablissent avec ce que l'on appelle *Opana*, c'est-à-dire, des bouillons de poisson faits avec les feuilles d'une plante appelée *Hale*, et au bout de quelques jours elles recommencent à manger du joukola, et à travailler comme à l'ordinaire.

Les pères donnent à leurs enfans le nom de leurs parens qui sont morts, sans aucune autre cérémonie; les enfans gardent toujours ces noms, lorsqu'ils deviennent grands.

Noms d'Hommes.

Kemleia.	Ne meurs point.
Kamak.	Espèce d'insecte aquatique.
Lemchinga.	De terre.
Chihouika.	Araignée.
Kana.	Esprit mal faisant.
Brioutch.	Celui qui a été brûlé vif (1).
Imarkin.	L'herbe qui s'enflamme fort promptement (2).
Birgatch.	Espèce de maladie.
Talatch.	Chat marin.

---

(1) Appelé ainsi, parce qu'un de ses parens fut brûlé dans sa jourte.

(2) Peut-être est-ce l'herbe appelée *Plaoun*.

Noms de Femmes.

Kanalam. Le petit esprit malin.
Kenillia. La petite souris.
Kigmatch. Celle qui ne peut pas venir au monde (1).
Kaïroutch. La colique, les trânchées.

La plupart des femmes ont aussi des noms d'hommes, comme, par exemple, *Brioutch*, *Birgatch*, *Tchekava*, etc.

Ils ne bercent point leurs enfans; une caisse de planche leur sert de lit; on pratique sur le devant une espèce de gouttière pour laisser écouler l'urine. Lorsque les enfans pleurent, les mères les mettent derrière leurs épaules, dans leurs habits qu'elles attachent ensuite, et les remuent jusqu'à ce qu'ils s'endorment. Elles voyagent et travaillent, en les portant de même sur leur dos. Au reste, elles ne les emmaillottent point : elles les mettent coucher avec elles; et quoiqu'elles soient fort dormeuses, et qu'elles ne prennent aucune précaution, il n'arrive presque jamais qu'elles les écrasent ou les étouffent.

---

(1) Appelée ainsi, peut-être, parce que sa mère mourut en couches.

Elles les allaitent pendant trois ou quatre ans. A la seconde année elles leur apprennent à se traîner en rampant. Quand ils crient, elles les appaisent avec du joukola, du caviar, de l'écorce de bouleau et de saule, et surtout avec de l'herbe douce. Souvent même ces enfans se traînent vers les auges des chiens, et mangent ce qu'ils y trouvent de reste. Les pères et mères se réjouissent beaucoup quand ils les voient commencer à grimper sur l'échelle; et c'est de même un grand amusement pour toute la famille. Les enfans portent des habits semblables à ceux des Samoiédes : on les passe par les pieds. Ce vêtement consiste en un bonnet et une espèce de caleçon, des bas et un habit cousus ensemble, avec un trou par derrière pour satisfaire aux besoins de l'enfant, et une pièce qui ferme cette ouverture, comme les doubles poches de nos culottes pour monter à cheval (planche II, page 67).

Quant à l'éducation des enfans, les parens aiment autant leurs enfans, que ceux-ci les méprisent, sur-tout quand ils sont vieux et infirmes. Les enfans grondent leurs pères, leur disent toutes sortes d'injures, ne leur obéissent en rien, et ne font pas le moindre cas d'eux; c'est pour cela que les pères et mères n'osent ni les gronder, ni les châtier, ni s'opposer à rien de ce qu'ils veulent. Lorsqu'ils les revoient après une longue absence, ils les reçoivent et les embrassent avec tous les témoignes de la joie et de la tendresse la plus vive ; au lieu que leurs enfans ne montrent que de la froideur et de l'indifférence.

Ils ne demandent jamais rien à leurs parens ; ils prennent eux-mêmes tout ce qui leur plaît. Ont-ils envie de se marier, loin de les consulter là-dessus, ils ne leur en font pas même part. Le pouvoir des pères et mères sur leurs filles ne consiste qu'en ce qu'ils peuvent dire à celui qui veut en épouser une ; « touche-la si tu peux, et si tu as assez de » confiance en toi pour cela. »

Les Kamtchadals ont quelques égards au droit d'aînesse ; car l'aîné après la mort de son père entre en possession de tout, et les autres n'ont rien, parce que tout l'héritage ne consiste qu'en une paire d'habits, une hache, un couteau, une auge, un traîneau et quelques chiens ; encore jette t-on toujours les habits du défunt, dans la crainte que celui qui les mettrait, ne meure lui-même : cette superstition subsiste encore parmi eux.

De leurs maladies et de leurs remèdes.

Les principales maladies des Kamtchadals, sont le scorbut, les ulcères, la paralysie, les cancers, la jaunisse et le mal de Naples. Ils croient que tous ces maux leur sont envoyés par des esprits qui habitent les bois de bouleaux, de saules ou d'osiers (1), lorsque quelqu'un d'eux coupe par mégarde quelques broussailles où ces esprits font leur séjour. Ils s'imaginent guérir ces maladies principalement par des charmes, en prononçant des paroles magiques, ce qui ne les empêche cependant pas d'avoir recours aux plantes et aux racines.

Ils se servent pour guérir le scorbut, des feuilles d'une certaine herbe appelée *Mitkajoun*, qu'ils appliquent sur les gencives. Ils boivent aussi une décoction des herbes *Brousnitsa* (2), et *Wodianitsa* (3). Les Cosaques emploient avec succès, pour s'en guérir, le *Slanets*, ou *Cedrus humilis* (4), ou les bour-

---

(1) *Salis viminalis.*
(2) *Vaccinium.* Linn. Suec. Spect. 3.
(3) *Empetrum.*
(4) Gm. Fl. S. p. 180.

geons de cédres qu'ils boivent en guise de thé, et ils mangent aussi de l'ail sauvage appelé *Tcheremcha* (1). Tous ceux qui ont été à l'expédition du Kamtchatka, ont éprouvé l'efficacité de ces deux remèdes.

Ils appellent les ulcères *Oon*; c'est une maladie des plus dangereuses du Kamtchatka, puisqu'elle emporte la plupart de ceux qui en sont attaqués. Ces ulcères ont quelquefois deux ou trois pouces de diamètre, et lorsqu'ils viennent à suppurer, il s'y forme environ quarante à cinquante petits trous; s'il n'en sort point de matière, c'est, selon eux, un signe de mort. Au reste, ceux qui en réchappent, sont obligés de rester au lit pendant six et même quelquefois dix semaines, et au-delà.

Pour les faire suppurer, les Kamtchadals appliquent dessus, la peau d'un lièvre qu'on vient d'écorcher, et lorsque ces ulcères s'ouvrent, ils tâchent d'arracher jusqu'à la racine, d'où sort la matière purulente.

La paralysie, les cancers, et le mal vénérien, sont regardés chez eux comme des maladies incurables. Ils disent qu'ils ne con-

---

(1) *Allium foliis radicalibus petiolatis floribus umbellatis.* Ray, p. 39. Gm. Fl. S. p. 49.

naissent cette dernière, que depuis que les Russes sont venus dans leur pays. Ils appellent la paralysie, *Nalat*, les cancers, *Kaiktche*, et le mal de Naples, *Arojitche*.

Ils ont encore une autre maladie qu'ils appellent *Soujoutche*. Elle ressemble à la galle, et vient sous la poitrine en forme de ceinture. Si la suppuration ne s'établit pas, cette maladie est mortelle. Ils croient que personne ne peut éviter de l'avoir une fois dans sa vie, comme chez nous la petite vérole.

Ce qu'ils appellent *Cheletch* ou l'*Aigle*, est aussi une maladie qui infecte tout le corps. Elle a les mêmes symptômes que la galle, et cause quelquefois la mort. Elle leur est envoyée, à ce qu'ils disent, par un esprit malfaisant qui porte le même nom. Ils appellent la galle, qui attaque chez eux la plupart des enfans, *Tcoued*.

Les Kamtchadals appliquent avec succès, sur les ulcères, des éponges marines, pour les faire suppurer : le sel alkali, qui est renfermé dans cette éponge, empêche de croître les chairs mortes qui sont autour. La guérison cependant est lente et difficile.

Les Cosaques mettent encore sur les ulcères, le marc de l'herbe douce qui reste dans les chaudrons après qu'on en a tiré l'eau-de-vie, et par ce moyen ils dissipent et font sortir la matière purulente.

Les femmes emploient la framboise de mer, pour faciliter leur accouchement et hâter leur délivrance. Elles font encore usage du *Nignou*, connu en Russie sous le nom de *Rave marine* : elles en pulvérisent la coquille avec les pointes ou piquans, et prennent cette poudre pour se guérir des fleurs blanches ; mais ce remède n'est que diurétique, et n'arrête pas l'écoulement.

Elles emploient avec beaucoup de succès la graisse de loup marin contre le ténesme ou la constipation. Elles boivent du thé des kouriles, qui est une décoction du *Pentaphilloïdes fructicosus*, pour se délivrer des coliques ou tranchées, et de toutes les douleurs de ventre qui proviennent de réfroidissement. Elles appliquent sur toutes les blessures, de l'écorce de cédre, qu'elles disent même avoir la vertu de faire sortir les bouts de flèches, qui peuvent être restés dans les chairs.

Pour se guérir de la constipation, elles font cuire du joukoula aigri, et boivent ensuite cette espèce de bouillie puante de poisson. Dans la dyssenterie, elles mangent du *Lac-lunae*, qui se trouve dans plusieurs endroits du Kamtchatka. Elles font aussi usage contre cette maladie, de la racine de *Chelamaïn* (1).

Ils prétendent guérir ceux qui ont des relâchemens de l'urètre, ou des envies continuelles d'uriner, en les faisant uriner dans un cercle tissu de tontchitche, au milieu duquel on met des oeufs de poisson, à quoi ils ajoutent quelque sortilége ou conjuration.

Ceux qui ont mal à la gorge, boivent avec succès du suc aigre et fermenté de l'herbe *Kipreï*, ou *Epilobium*. Les femmes en couches emploient aussi ce remède pour favoriser leur délivrance.

Lorsqu'ils sont mordus par un chien, ou par un loup, ils appliquent sur la blessure les feuilles d'*Ulmaria* pilées : ils en boivent aussi la décoction, principalement contre les douleurs de ventre et le scorbut. Ils en pilent les feuilles et les tiges pour les appliquer sur les brûlures.

Ils se guérissent du mal de tête avec du *Brousnisa* gelé. Lorsqu'ils ont mal aux dents, ils font une décoction d'*Ulmaria*, qu'ils font bouillir avec du poisson : ils en gardent dans leur bouche, et appliquent les racines sur les dents gâtées. Ceux qui sont attaqués

---

(1) *Ulmaria fructibus hispidis*. Stell.

de l'asthme, mâchent de l'herbe appelée *Segeltche* (que les Russes nomment *Kamennoi poporotnik*). Ils en boivent aussi la décoction quand ils crachent le sang, ou qu'ils ont fait quelque chute considérable.

Les femmes enceintes en boivent pour fortifier leurs enfans, ou pour être plus fécondes. Quelques personnes croient que cette herbe rend la voix plus claire et plus nette.

Ils boivent aussi la décoction d'une plante de ce pays (espèce de Gentiane) pour se guérir du scorbut, de même que de toutes les maladies internes. Ils emploient encore la plante nommée *Chamærrcholodendras*, qu'ils appellent *Ketenano*, ou *Miscoute*, contre les maladies vénériennes; mais sans aucun succès. Ils font usage du chêne marin (1) contre la dyssenterie.

Les hommes boivent des décoctions de la plante *Koutackjou*, contre le scorbut et la lassitude des membres; et les femmes, pour ne pas avoir d'enfans. Ils appliquent sur les parties malades, la plante toute chaude, qu'ils ont fait tremper dans de l'huile de poisson. C'est aussi de cette manière qu'ils dissipent

---

(1) *Quercus marina*.

les taches livides qui proviennent de quelques contusions.

Ils emploient la décoction de l'herbe *Tchakbon* (1), contre le scorbut et l'enflure des jambes. Pour l'insomnie, ils mangent les fruits de la plante *Ephemera*.

Quand ils ont mal aux yeux, ils se guérissent en se bassinant avec une décoction de la plante appelée *Ziza* (*Seramus*). Les femmes se servent aussi de cette herbe par une espèce de coquetterie : elles en mettent dans leurs parties naturelles pour les parfumer.

Les habitans de la pointe méridionale des Kouriles, ou Kourilskaia Lopatka, font usage de lavemens, ce qu'ils ont vraisemblablement appris des Kouriles. Ils font une décoction de différentes herbes qu'ils mettent quelquefois avec de la graisse; ils la versent dans une vessie de veau marin, et ils attachent une canule à son ouverture ; pour prendre ce lavement, le malade se couche sur le ventre la tête baissée : ils font tant de cas de ce remède, qu'ils s'en servent dans toutes sortes de maladies.

Ils ont contre la jaunisse un remède qu'ils regardent comme infaillible. Ils prennent la

---

(1) *Drymopogon* ou *Dryas*. Linn.

racine de la plante *Caltha palustris*, (l'iris sauvage, ou la violette des bois). Ils la nettoyent, la pilent toute fraîche avec de l'eau chaude , versent du suc qui en sort et qui est blanc comme du lait, dans des vessies de veaux marins, et s'en donnent des lavemens pendant deux jours de suite : ils en prennent trois par jour. Ce remède leur rend le ventre libre et les purge ; car le suc de cette plante salutaire se répand dans tous leurs membres. Cette façon de se guérir ne doit pas paraître extraordinaire à ceux qui connaissent la vertu de cette plante.

Ils ne se servent pour la saignée, ni de lancettes, ni de ventouses ; ils prennent la peau qui est autour du mal avec des pincettes de bois ; ils la percent avec un instrument de cristal, et laissent couler autant de sang qu'ils le jugent à propos.

Quand ils ont mal aux reins, ils frottent la partie malade devant le feu avec la racine de cigue, observant en même-tems de ne pas toucher la ceinture, dans la crainte que si on allait jusque-là, il ne s'ensuivît des crispations de nerfs ou convulsions. Quoiqu'ils vantent beaucoup ce remède, et qu'ils disent qu'il produit son effet et soulage sur-le-champ, cela est néanmoins difficile à croire,

Dans les douleurs des jointures, ils se servent d'une espèce d'excroissance ou champignon, qui vient sur le bouleau (on en fait de l'amadoue). Ils l'appliquent en cône sur la partie malade, en allumant la pointe, et laissent brûler le tout jusqu'à la chair vive; ce qui la met en macération, et occasionne une grande plaie. Quelques-uns pour la fermer, mettent de la cendre même de cet agaric ou champignon, d'autres n'y mettent rien du tout : ce remède est connu dans toute la Sibérie. Ils font usage de la racine de la plante *Lioutik* (1), et de celle appelée *Omeg*, *cicuta* (2), contre leurs ennemis, empoisonnant leurs flèches avec la première, qu'ils regardent comme un poison, contre lequel il n'y a point de remède.

De leurs Funérailles.

Les Kamtchadals au lieu d'enterrer leurs morts, les donnent à manger aux chiens; les autres peuples de ces contrées les brûlent, ou les enterrent avec quelques cérémonies. Mais les Kamtchadals lient le cadavre par le

---

(1) *Anemoides et Ranunculus.*
(2) *Cicuta.* Gmel. pag. 203.

cou avec une courroie, le traînent hors de
leur jourte, et le laissent ensuite pour être
la pâture de ces animaux. Ils donnent deux
raisons de cet usage ; la première est, que
ceux qui auront été mangés par les chiens,
en auront de très-bons dans l'autre monde;
la seconde, c'est que les mettant aux environs de leurs jourtes, les esprits malins qu'ils
croient avoir occasionné leur mort, voyant
ces cadavres, seront contens de la mort de
ces victimes, et ne feront point de mal aux
vivans. Cette seconde raison ne paraît pas
vraisemblable, car ils abandonnent toujours
leurs habitations, si quelqu'un d'eux vient
à mourir ; et ils vont s'établir dans d'autres
jourtes, qu'ils construisent à une grande
distance des premières. Ils ne traînent point
non plus avec eux ces cadavres, qui, suivant leur opinion, pourraient les défendre des
esprits malfaisans dans la nouvelle habitation
où ils se transportent. Peut-être aussi ne regardent-ils cela comme un préservatif contre
la malignité des esprits, que jusqu'à ce qu'ils
ayent construit une nouvelle habitation. Ils
jettent hors de la jourte, avec le cadavre,
tous les habits et toutes les chaussures du
défunt; non pas qu'ils croient qu'il en ait
besoin dans l'autre monde, comme quelques-

uns de ces peuples se l'imaginent, mais par la crainte seule que ces habits ne les fassent aussi mourir : car quiconque les porte, meurt infailliblement, suivant eux, plutôt qu'il ne devrait.

Les habitans de la pointe méridionale des Kouriles, sont sur-tout livrés à cette superstition. Elle est si forte chez eux, qu'ils ne toucheraient jamais à aucune chose, quelque plaisir qu'elle leur fît, dès qu'ils savent qu'elle vient d'un mort. Aussi les Cosaques et ceux qui leur portent des marchandises, comme des habits de drap faits à l'Allemande ou à la Russe, ou des vêtemens faits d'étoffes de soie de la Chine, etc. ne se servent point d'autres ruses pour les empêcher d'acheter chez d'autres marchands, que de les assurer que les habits de ces derniers ont appartenu à des personnes qui sont mortes.

Après avoir ainsi fait leurs funérailles, ils se purifient de la manière suivante. Ils vont couper de petites branches d'un arbre quelconque; ils les apportent dans la jourte, et après en avoir fait des cercles, ils passent en rampant deux fois au travers de ces cercles; ils les reportent ensuite dans les bois et les jettent du côté du couchant. Celui qui a traîné le corps hors de la jourte, doit attraper deux petits oiseaux : il en brûle un tout entier, et mange l'autre avec toute la famille. Ils doivent se purifier le jour même des funérailles ; ainsi ils ne sortent point de la jourte, et ne permettent point aux autres d'y entrer, avant de s'être purifiés. Au lieu des prières pour les morts, ils jettent au feu les ouïes ou nageoires du premier poisson qu'ils attrapent ; c'est un présent qu'ils croient faire au mort : pour eux ils mangent le poisson. Ils mettent les corps de leurs jeunes enfans dans des creux d'arbres, et ordinairement sans aucune cérémonie. Ils regrettent et pleurent les morts, sans cependant pousser de grands cris.

Productions, animaux terrestres et marins.

Le Kamtchatka ne produit ni blé, ni troupeaux. Il est sujet à des tremblemens de terre et à des inondations fréquentes ; et des ouragans continuels y font la plupart du tems des ravages effroyables. Ce pays n'offre dans l'intérieur des terres que de hautes montagnes, dont le sommet est sans cesse couvert de neiges qui ne fondent jamais. L'air y est cependant pur, les eaux sont saines. On n'y connaît point de maladies dangereuses. Le tonnerre et la foudre n'y sont point à craindre. On n'y connaît point d'animaux venimeux.

Depuis que cette contrée a été conquise par les Russes, on y a défriché quelques terres. Les Kamtchadals, chez lesquels on a envoyé plusieurs paysans Russes, avec un nombre suffisant de chevaux, de bêtes à cornes, et de tous les instrumens propres au labour, sont déjà parvenu à convertir en pâturage une partie de leurs landes, et les bêtes à cornes y ont multiplies en peu de tems.

Le Cap de Kamtchatka, environné de la mer de trois côtés, offre assez d'avantages pour le commerce : les côtes offrant sur-tout une quantité de ports considérables, très sûrs et capables de contenir un grand nombre de vaisseaux. La rivière de Kamtchatka qui surpasse beaucoup les autres par sa grandeur, répand la fertilité et l'abondance dans tous les lieux qu'elle arrose. On trouve sur ses bords une grande quantité de racines, qui semblent tenir lieu de froment. On croit néanmoins qu'on pourrait ensemencer le froment vers la source de cette rivière, et dans tous les autres endroits situés sous le même degré de latitude. Quoiqu'il tombe dans cet endroit beaucoup de neige, elle fond de bonne-heure. Le printems y est en outre plus sec que dans les endroits qui sont voisins de la mer, n'étant point exposés aux brouillards. Quant à l'orge et à l'avoine, des expériences multipliées ont appris qu'ils y croissent assez bien. Les légumes n'y réussissent pas également ; le choux et la laitue n'y pomment jamais. Les pois fleurissent vers l'automne, et ne produisent que des tiges. Mais les légumes qui demandent beaucoup d'humidité, tels que les navets, les radis et les betteraves y viennent fort bien.

Les herbes y croissent de la hauteur d'un homme sur les bords des rivières, des marais et des endroits voisins des bois; elles poussent si vite qu'on peut les faucher au moins trois fois dans un été. Les herbes ont les tiges extrêmement grosses ; cependant elles sont excellentes pour la nourriture des bestiaux, qui donnent d'excellent lait et en grande quantité. Elles conservent leurs sucs pendant l'automne, à cause de l'humidité du terrain. Le froid empêchant qu'elles ne se dessèchent promptement, conserve aussi leurs sucs nourriciers pendant l'hiver.

On trouve à quelque distance de la mer des endroits élevés, et quelques collines couvertes de bois, qui paraissent susceptibles de culture; mais la neige qui, sous ce climat, tombe en abondance au commencement de l'automne avant que la terre y soit gelée, et qui y séjourne quelquefois jusqu'à la moitié du mois de mai (floréal), empêche qu'on ne sème des grains d'été, comme l'avoine et l'orge. D'ailleurs on n'y peut rien semer jusqu'à la mi-juin (messidor), c'est alors que commencent les pluies, qui durent jusqu'au mois d'août (thermidor); de sorte qu'on est quelquefois quinze jours de suite sans voir le soleil. Ces pluies font monter et grossir les grains en très-peu de tems; mais il est des cantons, où la gelée qui commence au mois d'août (thermidor), les empêche de mûrir. En été les Russes, aussi bien que les naturels du pays, vont s'établir avec toute leur famille sur les bords de la mer pour y faire leur sel, et pour la pêche; mais ils ne peuvent se procurer du bois que très difficilement, vu l'éloignement où ils s'en trouvent. La rivière de Kamtchatka est d'ailleurs remplie de bancs de sables, qui rendent sa navigation fort dangereuse, et ne permettent pas de le faire flotter. La mer jette cependant quelquefois des arbres sur la côte, ce qui supplée à la disette du bois. On croit que ces arbres sont arrachés par les courans sur les bords de l'Amérique septentrionale.

A trois ou quatre lieues de la mer, il croît sur quelques endroits élevés, des aunes, des bouleaux et des peupliers dont on se sert pour la construction des maisons et des canots. Le bouleau particulièrement croît à une extrême grosseur le long de la rivière de Bistraia ; on en a construit il y a quelques années, un navire assez grand : lorsqu'on le lança à la mer, on fut fort étonné de le voir prendre autant d'eau que s'il eût déjà eu sa charge entière. Ce qui fit appréhender qu'il ne pût jamais tenir la mer, et que la moindre charge le fît couler à fond. Mais il ne prit pas plus d'eau qu'auparavant, après avoir reçu sa cargaison. Cela provenait sans doute de la nature de cet arbre, qui prend plus d'humidité que les autres bois résineux.

On ne connaît dans cette contrée que quatre mois d'été ou de printems. Les arbres ne commencent à se couvrir de feuilles que vers le mois de juin, et les gelées blanches commencent à se faire sentir au mois d'août. La neige y dure jusqu'au mois de mai ; le printems qui commence alors est très-pluvieux, on y jouit cependant de quelques beaux jours : l'été y est froid et pluvieux ; il n'y a point de jours, quelque beau qu'il soit, où l'on ne voie dès le matin du brouillard ou de la brume qui dure jusqu'à ce que le soleil, en s'approchant du midi, l'ait dissipé ; ce qui joint au voisinage des montagnes refroidit si fort l'air, sur les bords de la mer, qu'on ne peut s'y passer de fourrures. Les pluies n'y sont cependant pas violentes ; le tonnerre ne s'y fait entendre que comme un bruit souterrain, et la lueur des éclairs y est extrêmement faible. Cette variation de l'été rend la terre stérile aux lieux voisins de la mer : et les habitans n'y peuvent pas préparer les poissons pour leur provision d'hiver, car de plusieurs milliers qu'ils suspendent pour les faire sécher, l'humidité est cause que les vers les mangent en grande partie.

L'été est bien différent du côté de *Kamtchatkoi*; depuis le mois d'avril jusqu'à la mi-juillet, le tems est constament beau et serein. Les pluies commencent après le solstice d'été et continuent jusqu'à la fin d'août ; ce n'est que vers la fin de septembre qu'on y éprouve du mauvais tems et de fréquens orages : dans les mois de novembre, décembre et janvier, on voit rarement des jours sereins et beaux. Il tombe alors une grande quantité de neige accompagnée de vents aussi terribles qu'impétueux. Ceux de l'est et du sud-est soufflent quelquefois pendant deux ou trois jours de suite avec tant de violence, qu'il est impossible de se tenir debout. Ces vents poussent alors sur les côtes aux environs de la baie d'Awatcha une grande quantité de glaçons, sur lesquels il se trouve des castors; c'est alors qu'on en fait une chasse très-abondante. On ne peut nourrir de rennes au Kamtchatka, quoi qu'il y ait beaucoup de pâturages; la hauteur des neiges empêche qu'elles puissent y trouver leur subsistance. Il en est cependant de sauvages, qui ayant la facilité d'errer dans les campagnes, s'y procurent plus facilement leur nourriture. Elles sont d'ailleurs d'une constitution plus forte que les rennes domestiques.

La lumière du soleil réfléchie par la neige dans le printems, produit un effet si singulier, que le habitans, pendant cette saison, sont aussi basannés que les Indiens, et que plusieurs en ont mal aux yeux, ou en perdent tout-à-fait la vue. On ressent de si violentes douleurs dans les yeux qu'on ne peut y supporter la lumière. Les habitans, pour se garantir de la vivacité des rayons du soleil, sont obligés de porter des espèces de bandeaux d'écorce de bouleau, dans lesquels on a percé de petits trous, ou un réseau tissu de crins noirs. Comme l'air est très froid, il tombe souvent de la grêle dans l'été et dans l'automne. Elle n'est jamais plus grosse qu'une lentille ; on n'y voit rarement des éclairs, ce qui n'arrive que vers le solstice d'été. Les Kamtchadals s'imaginent alors que ce sont les esprits qu'ils appellent *gamouli* qui en échauffant leurs huttes, jettent les tisons à demi consumés : comme font les Kamtchadals. Quand ils entendent gronder le tonnerre, ils disent que koutkhou tire ses canots d'une rivière à l'autre. Ils s'imaginent que quand ils retirent les leurs sur le rivage, ce dieu de son côté entend le même bruit, et qu'il ne craint pas moins leur tonnerre que les habitans de la terre craignent le sien. Ils retiennent pendant ce tems-là leurs enfans dans leurs habitations ; s'ils entendent un coup éclatant, ils pensent que leur dieu est fort irrité, et que c'est en jetant par terre son tambour, à plusieurs reprises, qu'il produit ce bruit et ces éclats. Ils croient que la pluie, est l'urine d'un de leurs dieux, et des esprits ou génies qui leur sont soumis. Ils se figurent aussi que l'arc-en-ciel est un habit fait de peaux de goulus, enrichi de bordures de différentes couleurs, que leur dieu met ordinairement après avoir pissé ; pour imiter la nature et la beauté de ces couleurs, ils peignent aussi leurs habits de différentes couleurs semblables à celles de l'arc-en-ciel.

Ils ont des idées aussi ridicules sur les vents: ils prétendent que *Balakitg* fut engendré dans les nuages par Koutkhou, sous la figure humaine, et que ce dieu lui donna pour femme *Zavina - kougagt* : ce Balakitg suivant eux, a des cheveux fort longs et frisés, avec lesquels il produit des vents à volonté, lorsqu'il veut troubler quelques contrées par des ouragans; il secoue la tête aussi long-tems et avec autant de violence qu'il le juge à propos, ce qui produit un vent impétueux, proportionné au mouvement du dieu; quand il cesse d'agiter sa tête, le tems devient calme et tranquille : ces idées absurdes rappellent pourtant les idées poëtiques d'Homère. La femme de Balakitg se met toujours du rouge pendant son absence, pour lui paraître plus belle à son retour. Lorsqu'il arrive, elle est transportée de joie ; mais s'il passe la nuit loin de sa demeure, elle est affligée et pleure de regret de voir sa toilette inutile et ses charmes délaissés : c'est pour cette raison que les jours sont ordinairement sombres jusqu'au retour de Balakitg.

Les plus grands inconvéniens de ce pays, sont les ouragans et les vents, dont la violence est au-dessus de ce qu'on peut en dire. Les ouragans qui s'élèvent ordinairement du côté de l'est, sont toujours annoncés par un air épais et sombre ; ils viennent de la partie méridionale, qui abonde en volcans et en quantité de sources d'eaux chaudes.

Il y a trois principaux volcans au Kamtchatka ; ceux *d'Awatcha*, de *Talbatchik* et de *Kamtchatka*. Le premier est sur la côte septentrionale de la Baie d'Awatcha, et à une assez grande distance ; mais sa base s'étend presque jusqu'à la baie même. Toutes ces hautes montagnes, depuis leur base jusqu'à la moitié de leur hauteur, ou même d'avantage, sont composées d'autres montagnes, placées les unes au-dessus des autres, en forme d'amphithéâtre. Ces montagnes sont couvertes de bois, mais l'extrémité de leur sommet n'est ordinairement qu'un rocher stérile et couvert de neige ; ce volcan jette sans cesse de la fumée, mais il n'en sort du feu que par intervalle. Sa plus terrible éruption arriva en 1737, pendant l'été ; sa durée ne fut que de vingt-quatre heures ; il finit par jeter des tourbillons de cendres en si grande quantité, que tous ses environs en furent remplis. Cette éruption fut suivie d'un violent tremblement de terre, qui se fit sentir aux environs d'Awatcha, vers la pointe méridionale des Kouriles, et dans les îles voisines : il fut accompagné d'une agitation

tion terrible des eaux de la mer et d'une inondation extraordinaire.

Le tremblement de terre commença le six octobre vers les trois heures du matin ; il dura environ un quart-d'heure avec des secousses si furieuses, que plusieurs jourtes et balaganes s'écartèrent et furent renversées. La mer s'agita avec un bruit effroyable, quitta ses bornes ordinaires, et s'éleva de dix-huit pieds au-dessus de son rivage ; elle s'éloigna ensuite à une distance considérable. La terre fut ébranlée une seconde fois, et la mer se déborda avec la même furie, et en se retirant, elle recula si loin qu'on ne pouvait plus l'apercevoir. Au bout d'un quart-d'heure, la secousse se fît ressentir d'une manière si forte, que la mer remonta à près de cent quatre-vingt pieds de hauteur et inonda toute la côte. Elle fut longtems agitée, se retirant et revenant tour-à-tour : chaque secousse fut précédée d'un murmure affreux qui se faisait entendre sous terre. Tous les habitans furent ruinés et beaucoup périrent misérablement. Il y eut quelques endroits où les prairies furent changées en collines, et les champs en lacs ou en baies ; c'est surtout sur les côtes de la mer orientale que ce phénomène se fit ressentir avec tant de violence. On y éprouva encore des secousses jusqu'au printems de l'année 1738.

Le volcan de Tolbatchik, jeta d'abord de la fumée pendant plusieurs années ; mais on le vit enfin vomir du feu. Les premiers tourbillons de flammes parurent pour la première fois en 1739, et réduisirent en cendres toutes les forêts des montagnes voisines. Il s'éleva ensuite un nuage qui, s'étendant et grossissant de plus-en-plus, retomba en cendres et déroba à l'oeil quinze lieues de terrain : il y avait un demi-pouce de cendre sur la terre qui était alors couverte de neige. Quelques secousses eurent lieu avant et après l'éruption.

La montagne de Kamtchatka est la plus haute de celle dont on vient de parler. Elle est composée jusqu'aux deux tiers de sa hauteur, de plusieurs couches de rochers, dont la base est très-étendue. Son sommet est fort escarpé ; il est fendu perpendiculairement de tous côtés, jusqu'à l'intérieur de la montagne qui est creux. L'extrémité de son sommet s'aplatit insensiblement, parce que les bords de l'ouverture de ce volcan, dans les tems des éruptions s'écroulent et tombent dans l'entonnoir. Ce volcan est tellement élevé qu'on l'aperçoit de près de cent lieues par un tems serein.

Lorsqu'il doit y avoir quelques tempêtes, on remarque que cette montagne est entourée de trois rangs de nuages ; mais son sommet est tellement au-dessus du dernier rang que cette distance paraît faire la quatrième partie de la hauteur de la montagne. Il sort continuellement de son sommet une fumée fort épaisse. Elle vomit de tems en tems du feu et des cendres en grande quantité. Aujourd'hui elle ne vomit du feu qu'à longs intervalles et pendant une semaine ; cependant en 1737 son éruption fut très-dangereuse et très-effrayante.

Cette terrible éruption commença le 25 septembre de cette année et avec tant de fureur que les habitans qui en étaient proche, s'attendaient à périr à chaque instant. La montagne entière ne paraissait plus qu'un rocher embrasé. Les flammes qu'on apercevait dans son intérieur à travers les fentes, jaillissaient quelquefois en bas et semblaient être autant de fleuves de feu qui roulaient avec un bruit épouvantable. On entendait sortir de la montagne un bruit semblable à celui du tonnerre avec un fracas terrible. La nuit ne faisait qu'augmenter l'effroi des habitans. L'éruption finit en jetant une grande quantité de cendre que le vent emporta dans la mer.

Les Kamtchadals regardent ce volcan

comme le séjour des morts, et ils disent que quand il jette des flammes, c'est que les morts échauffent leurs jourtes. Suivant eux, ils se nourrissent de graisse de baleines qu'ils attrapent dans une mer souterraine; ils s'en servent aussi pour s'éclairer; et c'est avec leurs os, au lieu de bois, qu'ils chauffent leurs demeures. Ils assurent même que plusieurs naturels du pays, ont pénétré dans ces séjours ténébreux, pour y voir leurs parens. Ils prétendent aussi que cette montagne est la demeure de certains esprits qui y font cuire des baleines : ils sortent, ajoutent-ils, pendant la nuit pour les pêcher dans la mer. Ils en prennent en si grande quantité, qu'ils en portent quelquefois chacun dix à leur habitation souterraine, en suspendant un de ces énormes poissons à chacun de leurs doigts. Pour prouver cette assertion ils montrent les os des baleines, dont on trouve effectivement une grande quantité sur le sommet de ces volcans. D'ailleurs tous ces peuples regardent l'éruption des volcans comme un présage d'une guerre sanglante ; et plus l'éruption est violente et dure long-tems, plus la guerre sera cruelle.

On remarque dans cette contrée plusieurs sources d'eau bouillante, dont plusieurs jaillissent comme des jets d'eau à la hauteur d'un pied et demi avec un grand bruit; d'autres s'élèvent à quatre pieds et demi. Toutes forment des ruisseaux assez considérables qui vont se jeter dans la mer ou dans les rivières qui les avoisinent. La source bouillante que l'on trouve proche la petite rivière *Chemetch* est une des plus considérable ; sa profondeur est d'environ deux pieds, son fond est de roc couvert d'une mousse verte qui flotte sur la surface des èaux. Près de sa source on voit croître le long de ses rives, dans le mois de mars, différentes herbes et plantes. Près de là, du côté du couchant, on rencontre une plaine couverte dans quelques endroits de cailloux ronds et grisâtres, où il ne croît aucune plante : une vapeur chaude, enflammée, sort de plusieurs endroits avec beaucoup d'impétuosité et avec un bruit semblable à celui de l'eau qui bout sur le feu.

Dans un vallon très-profond, du côté du couchant, on trouve une quantité prodigieuse de sources bouillantes. On y remarque particulièrement deux vastes gouffres, d'où l'on voit bouillir l'eau à gros bouillons comme dans une chaudière, et avec tant de bruit qu'il n'est pas possible de s'entendre lors même qu'on parle très-haut. Il en sort une vapeur si épaisse qu'on ne peut apercevoir un homme à une légère distance. Entre les deux gouffres le terrain est tellement mouvant qu'on craint toujours d'enfoncer.

Sur la surface de leurs eaux, nage une matière noire pareille à l'encre de la Chine, et qui se détache difficilement des mains; l'eau de toutes ces fontaines est épaisse et a une odeur désagréable.

Les Kamtchadals regardent aussi ces sources comme la demeure des démons. Ils craignent tellement d'en approcher, qu'autrefois ils ne voulaient pas les indiquer aux Russes, dans la crainte de les y accompagner. Ces eaux en se jetant dans les rivières, empêchent qu'elles ne se gèlent en entier. La surface de la glace est si peu solide dans certains endroits, malgré la rigueur du froid, que ceux qui se font conduire sur des traîneaux, sont souvent engloutis dans ces rivières; ils périssent, sans qu'on puisse les secourir.

On ne peut rien dire de positif sur les métaux qui se trouvent dans le Kamtchatka; car les lieux où l'on présume que sont les mines, présentent un accès difficile et presque impraticable; on a ependant trouvé une mine de cuivre aux environs du lac Kourile. On remarque du sable mêlé de fer sur les bords de plusieurs lacs, ce qui fait croire qu'il y a des mines de ce métal dans les montagnes où ces lacs et ces rivières prennent leurs sources. On trouve du soufre naturel aux environs du cap Kronotskoi ; le tripoli et l'ocre rouge se recueillent le long de la rivière de *Bolchaia*. On voit encore sur les montagnes des petits morceaux d'une espèce de cristal couleur de cerise; et aux environs de la rivière de *Chariousowa* une autre espèce, de couleur verte, semblable au verre commun, dont les habitans faisaient des couteaux, des haches, des lancettes et des dards (1).

Aux environs de la mer de Pengina et du lac Kourile on trouve une terre molle d'un goût aigre, dont les naturels du pays se servent comme d'un remède souverain contre la diarrhée ou dyssenterie.

Les bords de la mer Pengina fournissent beaucoup d'ambre jaune.

---

(1) Sur les bords du fleuve des Amazones, dans la Guyane, les Indiens trouvaient autrefois une cristalisation toute pareille, dont vraisemblablement, à force de recherches, on pourrait encore de nos jours faire la découverte. Voyez le *Voyage dans la Guyane et à Cayenne*; 1 vol. *in* 8°. Paris, rue des Marais, faubourg Germain, n°. 20.

Parmi les arbres qui croissent au Kamtchatka, on compte le larix ou melèse : le peuplier blanc, l'aune et le saule. Le peuplier s'emploie pour la construction des jourtes et des traîneaux. Le bouleau, dans les endroits humides, est tellement tortu qu'il n'est propre à aucun usage ; si ce n'est son écorce dont on le dépouille quand elle est encore verte. On la coupe en petits morceaux pour la manger avec du caviar. Ce mets est pour les Kamtchadals si agréable et si délicieux, qu'on ne peut passer par une habitation pendant l'hiver, qu'on ne voie des femmes assises autour d'un grand tronc de bouleau verd, et occupées à hacher en morceaux très-menus ces écorces avec de petites haches faites de pierre ou d'os. Ils font encore fermenter avec cette écorce le suc du bouleau, ce qui le rend plus acide et plus agréable. Les bouleaux diffèrent de ceux de l'Europe, en ce qu'ils sont d'un gris plus foncé et fort raboteux. L'écorce du saule sert encore de nourriture aux habitans : celle de l'aune s'emploie pour la teinture des cuirs. On trouve une assez grande quantité de sorbiers, dont les fruits servent à faire de fort bonnes confitures. La noix des petits cédres, dont on trouve une grande quantité, leur sert de nourriture ; ils les mangent sans les dépouiller de leur écorce : cet arbre, au lieu d'être debout, rampe sur terre ; son fruit est fort astringent, mais il guérit le scorbut : on en fait une boisson qu'on prend comme du thé.

Les herbes et les racines qui croissent en abondance dans cette région, suppléent, ainsi que le poisson, au défaut de grains. La principale est la *sarana*, qui leur tient lieu de farine et de gruau. Sa racine est à-peu-près grosse comme une gousse d'ail, et composée de plusieurs petites gousses qui sont un peu rondes ; elle fleurit à la mi-juillet (messidor), et pendant ce tems-là, elle est en si grande quantité, que les campagnes en paraissent toutes couvertes. Les femmes fouillent la terre en automne pour avoir cette racine; elles la font sécher au soleil. La sarana cuite au four et pilée avec des baies, est le principal mets des Kamtchadals. Il est doux, un peu acide et très-nourrissant.

L'*herbe douce* est d'un aussi grand usage pour la vie domestique, que la sarana. Cette plante ressemble à notre panais. On coupe les tiges qui sont les plus près de la racine, on en ratisse les écorces, on les suspend au soleil. On les met ensuite en petites bottes qu'on renferme dans des espèces de sacs. Au bout de quelques jours, elles se couvrent d'une poudre douce, dont le goût approche de la réglisse.

Les femmes qui la préparent mettent des gants; car son suc est si venimeux qu'il cause des enflures prodigieuses partout où il touche. Lorsqu'elle est encore verte, il faut la mordre avec les dents, sans la presser avec les lèvres; sans quoi elles s'enfleraient et se couvriraient de pustules. Quelques Kamtchadals s'abstiennent d'en manger, croyant qu'elle est contraire à la génération.

D'autres herbes leur servent à faire des nattes, des sacs et des corbeilles.

L'herbe qu'ils appellent *Bolotnaïa*, se carde comme notre chanvre, et ils la convertissent en une espèce de ouate, dans laquelle ils enveloppent les enfans nouveaux nés. Elle leur tient lieu de bas, et ils s'en entortillent les jambes avec beaucoup d'adresse : enfin elle leur sert pour leurs fêtes et leurs cérémonies; c'est celle que plusieurs désignent sous le nom de *Tonchitche*. Ils ont aussi beaucoup d'autres plantes qui sont médicinales, et qu'ils emploient avec beaucoup de sagacité.

La plus grande richesse du Kamtchatka, consiste dans la grande quantité d'animaux qui s'y trouvent : tels que renards, zibelines,

renards de montagnes, goulus, ours, etc.
Les zibelines l'emportent sur toutes celles de
Sibérie. Ils font tant de cas des fourrures de
goulus, que, suivant eux, Dieu ne peut être
habillé que de semblables peaux. Les femmes
ornent leurs têtes avec la partie blanche de
la peau de cet animal ; et un amant ne peut
pas faire un présent plus agréable à sa maîtresse, que de lui donner de ces peaux.

Cet animal est très-vorace : il a un instinct
singulier pour tuer la renne. Il prend de la
mousse dont elle fait sa nourriture, la dépose
au pied d'un arbre sur lequel il monte. Si
la renne vient manger cette mousse, il se
précipite sur elle, lui crève les yeux et la
déchire cruellement. Il la met en pièces, et en
enterre les différens morceaux avec beaucoup
de précaution dans plusieurs endroits, pour
que les autres goulus ne trouvent point sa
proie. Cet animal s'apprivoise facilement, et
devient fort divertissant.

Les ours ne sont ni grands ni féroces. Ils
n'attaquent jamais un homme, à moins qu'on
ne s'approche d'eux, lorsqu'ils dorment : il
est rare qu'ils le tuent, ils se contentent de lui
enlever la peau de la nuque du cou, la lui
rabattent sur les yeux, et le laissent là. S'ils
sont en fureur, ils lui déchirent les parties

les plus charnues, et s'en vont ensuite. Cependant ces animaux ne font point de mal aux femmes. Pendant l'été ils vont autour d'elles comme des animaux domestiques, et se con-contentent de manger les baies qu'elles ont cueillies.

Lorsque les poissons paraissent en bande dans l'embouchure des rivières, les ours s'y transportent par troupes pour les attraper; la grande quantité qu'ils en trouvent, les rend tellement délicats sur le choix, qu'ils se contentent de leur sucer la moelle de la tête; mais quand le poisson devient rare, ils mangent jusqu'aux arrêtes qui sont sur le rivage; ils viennent même dans les huttes pour y voler les provisions, sans faire aucun mal à ceux qui y sont.

Tuer un ours, est parmi les Kamtchadals une action si honorable, que celui qui a eu cet avantage, est obligé de régaler ses voisins de la chair de cet animal, dont il suspend les cuisses et la tête au-dessus du toit de sa hutte, en guise de trophées. La graisse et la chair de cet animal passent pour un mets délicieux.

La chasse de ces animaux se fait de différentes manières. On a vu souvent un Kamtchadal assez intrépide pour attaquer l'ours de front, avec un simple stilet de fer qu'il tient d'une main, et un couteau de l'autre. L'ours en voyant le chasseur se lève sur ses pieds de derrière, et s'élance sur lui en poussant des hurlemens affreux. Le chasseur enfonce, dans la gueule de l'ours, sa main armée du stilet, l'animal ne pouvant plus la fermer et ressentant les douleurs les plus aigues, n'oppose plus aucune résistance au chasseur, qui le conduit où il veut, en le perçant à son gré avec le couteau qu'il tient de l'autre main.

On les attrape aussi en les enivrant ou en leur tendant des pièges, dont nous allons citer un exemple. On place des planches garnies de crochets de fer sur le chemin où l'ours doit passer. L'animal se sentant pris par une patte sur ces crochets de fer, frappe de toute sa force avec l'autre patte qui s'y accroche aussi. Il se dresse alors sur ces deux pieds de derrière, tenant devant lui la planche qui, outre la douleur qu'elle lui fait aux pattes, lui cache la vue du chemin. Alors il entre en fureur et repousse la planche avec ses pattes de derrière, qui se prennent aussi aux crochets de la planche ; il tombe alors sur le dos, et attend qu'on lui donne la mort en poussant des hurlemens douloureux.

On voit de trois espèces de rats au Kamtchatka. La plus petite se tient dans les maisons habitées. La première espèce qui est rougeâtre, ramasse pendant l'été ses provisions pour l'hiver, dans des espèces de nids ou trous qu'ils couvrent d'herbes, et partagent en différentes demeures. Les Kamtchadals assurent que ces animaux changent d'habitation. Leur émigration est un présage d'un tems pluvieux, et d'une mauvaise année pour la chasse; mais lorsqu'on les voit revenir, leur retour est l'augure d'une bonne année, et l'on envoie des exprès par tout pour annoncer cette bonne nouvelle, comme très-importante pour le pays.

Ces animaux, avant de quitter le canton où ils s'étaient fixés, ont le soin de couvrir leurs provisions. Les Kamtchadals, quand ils les trouvent, ne les leur enlèvent jamais en entier, ils remplacent même la quantité de sarana, et les noix de cédres qu'ils y trouvent, par des oeufs de poisson et de caviar, tant ils s'intéressent à leur conservation; car ils disent que lorsqu'on leur enlève leurs provisions d'hiver, ils s'étranglent de désespoir, en mettant leur cou dans les branches fourchues des arbrisseaux.

Ces rats partent d'ordinaire au printems,

en grande quantité. Ils prennent directement leurs routes vers le couchant, traversant à la nage, quoiqu'avec bien de la peine, les lacs, les rivières, et même les golfes. Lorsqu'ils ont passé une rivière à la nage, ils restent comme morts sur le rivage, jusqu'à ce qu'ils soient revenus de leur épuisement. Les Kamtchadals qui les trouvent dans cet état, font tous leurs efforts pour les sauver. Ils sont quelquefois en si grand nombre, que le passage de toute la troupe dure au moins deux heures.

Les chiens du Kamtchatka sont très-utiles; les habitans s'en servent au lieu de chevaux, et la plupart de leurs habillemens sont faits de la peau de ces animaux. Ils sont, dit-on, plus agiles et vivent plus long-tems que les nôtres. Ils se nourrissent de poissons.

Dès que le printems est venu, et qu'il n'y a plus de traînage, chacun lâche ses chiens et les laisse aller, sans s'embarrasser de ce qu'ils deviennent. Pendant ce tems-là, ils se nourrissent de poissons et de rats. Au commencement de l'hiver, chacun rassemble ses chiens, et les attache autour de sa hutte, pour les faire maigrir, afin qu'ils soient plus agiles et plus propres au traînage. On les nourrit pendant l'hiver de poisson aigri qu'on fait chauffer dans des auges avec des pierres rougies au feu ; on ne leur en donne que le soir, afin qu'ils se reposent mieux.

Quoiqu'ils ayent beaucoup d'amitié pour leurs maîtres, ils sont fort à craindre pendant les voyages ; car si le conducteur ou le maître vient à tomber de son traîneau, ni les paroles ni les cris ne peuvent les arrêter. Il est obligé de courir à pied après eux, jusqu'à ce que son traîneau se soit renversé ou accroché quelque part, ou il faut qu'il saisisse le traîneau sans lâcher prise, et qu'il se laisse traîner sur le ventre, jusqu'à ce que les chiens s'arrêtent d'épuisement et de l'assitude. Dans les descentes, il faut dételer la moitié des chiens ; car plus le pas est dangereux, plus ils se hâtent de le descendre. Ces animaux s'égarent rarement de leurs chemins. Si cela arrive, ils retrouvent bien vîte leur route par le moyen de l'odorat. Ils annoncent les ouragans en grattant dans la neige avec leurs pattes, et quand on s'en trouve surpris, ou qu'il est impossible d'avancer, ils échauffent et gardent leur maître en se tenant couchés fort tranquillement à côté de lui.

Parmi les animaux marins, on citera, principalement, les veaux, les chats et les lions de mer.

Les

Les veaux marins, les plus grands, sont à-peu-près de la taille d'un boeuf; ils ont la peau semblable à celle d'un tigre. Ces animaux se tiennent dans la mer aux environs des golfes, des rivières les plus grandes et les plus poissonneuses. Ils s'accouplent ordinairement sur la glace pendant le printems, les femelles se tiennent sur le dos ou bien à terre, ou au milieu des flots quand le tems est calme. Les femelles ne font qu'un petit à la fois, et le nourrissent avec leurs deux mamelles.

Le cri des veaux marins est semblable au bruit que fait entendre une personne qui fait des efforts pour vomir. Les jeunes soupirent et se plaignent comme quelqu'un qui souffre, et gémit. Dans la basse marée, ils restent à sec sur les rochers, et jouent en se poussant les uns les autres dans l'eau. Lorsqu'ils sont en colère ou dans leurs amours, ils s'entre-mordent cruellement. Ils sont rusés, timides et très-agiles, eu égard à leur masse. Ils dorment d'un profond sommeil, et lorsqu'on les réveille, ils sont saisis de frayeur; et en fuyant, ils vomissent devant eux pour rendre le chemin plus glissant.

La manière de les prendre n'offre rien d'absolument curieux. On remarque seulement qu'ils sont extrêmement vivaces. On en a vu de pris à l'hameçon s'élancer avec autant de fureur que d'impétuosité sur les pêcheurs, quoique leur crâne fut brisé en plusieurs morceaux. Une fois hors de l'eau, et sentant l'impossibilité d'y rentrer, ils se mettent à pleurer, et quand on commence à les frapper pour les achever, ils entrent dans la plus grande fureur.

On fait de la chandelle avec la graisse de ces animaux. Elle est en outre un mets très-délicat pour les Kamtchadals. Ils en mangent la chair cuite ou séchée au soleil; s'ils en prennent une trop grande quantité, ils la fument en la mettant dans une fosse de pierre qu'ils échauffent, en y faisant brûler du bois ou du charbon; ils garnissent ensuite le fond du lit de bois d'aune vert, sur lequel ils mettent séparément la graisse et la chair de ce poisson; ils disposent ainsi leurs couches jusqu'a ce que la fosse soit pleine; ils la couvrent de gazons et de terre, de manière que la vapeur n'en puisse sortir. Cette manière de la préparer la rend agréable et plus délicate : d'ailleurs sa chair peut se conserver un an sans se gâter.

Cette pêche est encore l'objet d'une fête, fondée par la superstition. Après avoir dépouillé les têtes de toute la chair, ils les accompagnent avec un cérémonial, dont voici le détail. D'abord on apporte dans un vase fait en forme de petit canot, des têtes de veaux marins couronnées de *tonchitche*, et d'*herbe douce* qu'on pose à terre. Un Kamtchadal entre dans la jourte tenant un sac fait d'herbe, dans lequel il y du *tonchitche* et de l'*herbe douce*, et le pose à côté des têtes. Deux femmes roulent une grosse pierre vers la muraille qui est devant l'entrée de la jourte, et la couvrent de petits cailloux. Deux autres prennent l'*herbe douce*, et en font des petits paquets. La grande pierre désigne les côtes de la mer; les petits cailloux les vagues; et l'*herbe douce* les veaux marins. Ils font ensuite des petites boulettes de ce qu'ils nomment *tolkoucha*, espèce de hachi, fait avec des oeufs de poissons, de la graisse de veau marin et quelques baies. Ils placent l'*herbe douce* au milieu de ces petites boulettes. Ils font ensuite un vase en forme de canot avec de l'écorce de bouleau, et après l'avoir chargé de *tolkoucha*, ils le couvrent d'un sac d'herbes. Au bout de quelque tems, ceux qui avaient mis les bottes d'herbes représentant les veaux marins dans le *tolkoucha*, prennent les boulettes et un vase fait en canot, le traînent sur le sable, comme si c'était en pleine mer, pour faire voir aux autres veaux marins qu'il est agréable pour eux de venir chez les Kamtchadals, puisqu'ils ont une mer dans leurs cabanes, s'imaginant que cela doit les engager à se laisser prendre en quantité.

Après avoir traîné pendant quelques minutes sur cette mer imaginaire, leur herbe représentant les veaux marins, ils les remettent à leur première place et sortent de la jourte. Un vieillard qui en emporte un petit vase rempli de *tolkoucha*, le laisse dans l'enceinte de la jourte et rentre. Les autres se mettent à crier quatre fois de toutes leurs forces : *lignoulkh ;* expression dont ils ne peuvent déterminer le sens ; mais qui est en usage depuis des siècles. Ils rentrent dans la jourte, et tirent pour la seconde fois leurs veaux marins sur cette mer de sable, comme s'ils étaient agités et repoussés par les flots; après quoi ils sortent de la jourte, et se mettent à crier, *kouneouchit aloulaïk* : ce qui signifie ; *que les vents heureux, qui nous poussent les veaux marins, soufflent sur la côte.*

Lorsqu'ils sont entrés dans la jourte, ils tirent pour la troisième fois, sur le sable, image de la mer, les herbes qui représentent leurs veaux marins ; après quoi ils mettent

dans un sac les hures ou les machoires de
ces animaux. Tous les pêcheurs qui sont présens, mettent sur ces hures un peu d'*herbe
douce*, en prononçant chacun leur nom, et
en leur faisant des reproches de ce qu'ils ne
viennent pas en grand nombre chez eux, où
ils trouveraient des habitans qui régalent
si bien, et comblent de présens ceux qui les
visitent.

Après avoir pourvu, comme ils se l'imaginent, les veaux marins de toutes les provisions nécessaires, ils les portent près de
l'escalier, où un vieillard met encore pour
eux dans le sac du *tolkoucha*, les priant de
porter cela à ceux de leurs parens qui s'étaient
noyés dans la mer, dont il leur dit les noms.
Deux Kamtchadals qui ont eu le plus de part
à la fête, partagent les boulettes de *tolkoucha*
avec les veaux marins faits d'herbes, et donnent
deux boulettes à chaque pêcheur. Pour eux,
après avoir pris les boulettes, ils montent sur
la jourte, et se mettent à crier *ouenie*, c'est-à-
dire *toi* ; c'est ainsi qu'ils s'appellent lorsqu'ils
sont à la pêche du veau marin. Ils reviennent,
jettent au feu les veaux marins faits d herbes
et mangent les boulettes, en conjurant les
veaux marins de venir les visiter plus souvent,
puisqu'ils ne s'ennuient pas de les voir. Ils

m'hangent ainsi tout leur *tolkoucha*. Un Kamtchadal prend le sac où sont les têtes de veau, il y met le petit canot fait d'écorce de bouleau, et un charbon ardent. Il sort, jette le sac et ne rapporte que le charbon, parce qu'il est le symbole du flambeau, avec lequel on conduit les convives pendant la nuit. La cérémonie s'achève en mangeant les poissons et les baies, comme si c'était les restes d'un repas qu'ils ont donné à de véritables convives.

Les lions marins diffèrent peu des veaux marins. Ils ont le cou nu avec une petite crinière, dont le poil est rude et frisé. Leur peau est brune, leur tête est de moyenne grosseur, leurs oreilles sont courtes, le bout de leur museau est court et relevé comme celui des doguins ; leurs dents sont très-grandes ; au lieu de pieds ils ont des nageoires fort courtes. Ils se tiennent ordinairement près des rochers de l'Océan, ils y grimpent à une très-grande hauteur, et on les voit en quantité couchés sur ces rochers. Leurs mugissemens sont aussi extraordinaires qu'affreux. Leur aspect est effrayant ; mais quoiqu'ils fassent paraître dans le danger une fureur pareille à celle du lion, cependant ils sont si timides qu'ils fuyent dans la mer à la vue de l'homme. Si on les réveille avec un bâton ou en criant, ils sont saisis d'un tel effroi qu'en fuyant ils tombent à chaque pas, poussant de profonds soupirs, parce que leurs membres tremblans ne peuvent leur obéir; mais quand ils voient qu'ils ne peuvent échapper, ils entrent en fureur, secouent la tête, s'élancent avec beaucoup de courage sur celui qui s'oppose à leur passage, en poussant des rugissemens effroyables. Sur mer cet animal renverse les barques; ce qui empêche les naturels de l'y attaquer. Ils ne le tuent ordinairement qu'à terre, en le surprenant endormi; encore n'y a-t-il que les chasseurs qui ont le plus de confiance dans leurs forces et leur agilité, qui osent l'approcher. Ils le font avec beaucoup de précaution en allant contre le vent. Ils lui plongent un harpon dans la poitrine au-dessus des nâgeoires de devant. Ce harpon est attaché à une longue courroie, faite de cuir de lion marin, que tiennent d'autres pêcheurs, après l'avoir entortillé plusieurs fois autour d'un pieu pour l'arrêter; lorsqu'il prend la fuite, on lui lance d'autres harpons ou des flèches, et on l'assomme lorsqu'il est aux abois.

Cette chasse est si honorable parmi ces peuples, que l'on regarde comme des héros ceux qui en ont tué un plus grand nombre. C'est pourquoi plusieurs s'y adonnent, autant dans la vue de se procurer la chair de ces animaux qui passe pour très-délicate, que pour acquérir de la gloire, malgré tous les dangers qu'ils ont à courir. Deux ou trois lions marins chargent tellement leurs canots, qu'ils sont presque entièrement enfoncés dans l'eau ; cependant lorsque le tems est calme, leur adresse est si grande, qu'ils ne coulent point à fond, quoique l'eau soit quelquefois au niveau de leurs canots. C'est un déshonneur chez eux de jeter à la mer une partie de cette chasse, dût-on être submergé ; ce qui arrive fréquemment, lorsque la mer est haute.

Ils vont à cette pêche dans de mauvaises baidares ; souvent emportés par le mauvais tems, ils errent pendant quatre et même huit jours sans boussole, souffrent toutes les horreurs de la faim, sans voir ni la terre ni aucune île. Ils échappent néanmoins à tous les dangers, et reviennent chez eux n'ayant d'autres guides que la lune et le soleil..

La graisse et la chair de ces animaux est d'un goût fort agréable. Les mâles ont jusqu'à quatre femelles ; ils s'accouplent dans les mois d'août et de septembre, les femelles portent environs neuf mois ; les mâles ont toujours beaucoup de tendresse pour leurs femelles ;

ils font paraître une joie extraordinaire quand elles leur font quelques caresses ; ils mettent tout en usage pour leur plaire en les flattant et tournant autour d'elles. Les mâles et les femelles, ont si peu soin de leurs petits, que souvent ils les étouffent en dormant, ou pendant qu'ils taitent : ils ne témoignent pas la moindre douleur en les voyant morts. Ces petits dorment presque toujours, sur le soir. Les mâles et les femelles avec leurs petits se jettent à la mer et nagent tranquillement sans s'éloigner des côtes ; lorsque les petits sont fatigués, ils grimpent et se reposent sur le dos de leur mère ; celle-ci plongeant dans l'eau, jette de dessus elle ses petits paresseux pour leur apprendre à nager.

Quoique ces petits craignent beaucoup les hommes, on a cependant observé qu'à force d'en voir ils devenaient moins farouches. Un naturaliste a resté exprès pendant six jours sur un rocher au milieu de ces animaux ; de sa cabane il fut témoin de tous leurs mouvemens : ils étaient tranquilles, observant toutes ses actions, ils regardaient le feu sans prendre la fuite, ils restaient calmes, ne se jetaient point sur lui, quoiqu'il vînt souvent aux milieu d'eux, pour prendre leurs petits, qu'il tuait afin d'en faire la description ; ils ne songeaient qu'à se disputer le terrein et à se battre pour leurs femelles. Il y en eut un entr'autres qui se battit trois jours, pour une femelle et qui fut blessé en plus de cent endroits. Les gros beuglent comme des boeufs, les petits comme des moutons : les premiers ont une odeur forte. Dans les mois de juillet et d'août ils ne font que se reposer et dormir ; ce qui les fait maigrir extraordinairement.

Les *Chats marins* sont de la moitié moins gros que les amphibies dont on vient de parler. Ils ressemblent aux veaux marins ; ils ont seulement la poitrine plus large et plus grosse, et sont plus minces vers la queue ; leur museau est plus long, leurs dents sont plus grandes, leurs yeux sont à fleur de tête comme ceux des vaches ; leurs oreilles courtes, leurs pattes ou nageoires sans poil et noires ; ils ont le poil noirâtre et tacheté de gris, court, et il se casse facilement ; celui de leurs petits est d'un noir bleuâtre ; les femelles allaitent leurs petits pendant deux mois ; elles ont deux mamelles entre les pattes de derrière ou les nageoires. Elles n'ont qu'un petit à la fois : elles lui coupent avec les dents le cordon ombilical et mangent l'arrière-faix. Ces petits viennent au monde les yeux ouverts, et déjà aussi grands que ceux d'un jeune boeuf. Ils ont aussi en naissant trente-deux dents. Ces animaux ont deux défenses de chaque côté ; mais elles ne percent aux petits que le quatrième jour. Les femelles deviennent presque grises en grandissant ; elles diffèrent tellement des mâles par leur grosseur, leur figure et par leurs forces, qu'un observateur peu instruit pourrait les croire d'une espèce différente. D'ailleurs elles sont timides, et dans l'occasion, montrent la férocité des mâles. Elles ont une extrême tendresse pour leurs petits ; les mâles se tiennent en bande avec leurs petits sur le rivage où ils sont presque toujours endormis. Les petits, peu de tems après leur naissance se mettent à jouer de différentes manières, ils montent les uns sur les autres, se battent ensemble, et lorsqu'un d'eux a renversé l'autre, le mâle qui est présent accourt en murmurant, les sépare et lèche le vainqueur. Il essaie de le renverser avec son museau ; il témoigne plus d'affection à celui qui résiste avec courage, et s'applaudit avec joie, pour ainsi dire, d'avoir un fils digne de lui. Il méprise fort les paresseux et ceux qui ne sont pas agiles ; delà vient que quelques-uns de ces petits se tiennent toujours auprès du mâle et quelques autres auprès de la femelle.

Chaque mâle a jusqu'à cinquante femelles.

Ils les gardent avec tant de jalousie, que pour peu qu'un chat marin s'approche de l'une d'elles pour la caresser, il entre sur le champ dans la plus grande fureur. Cependant chaque mâle a sa famille à part, composée de ses femelles et de ses petits : on compte quelquefois dans une seule famille jusqu'à cent vingt de ces animaux. Ils nagent sur la mer en troupe ; tous ceux qui ont des femelles sont encore forts et vigoureux; mais ceux qui sont vieux vivent seuls et passent le tems à dormir.

Ces vieux animaux sont très-féroces ; ils restent un mois entier dans le même endroit sans boire et sans prendre aucune nourriture. Ils se jettent avec une fureur extraordinaire sur ceux qui passent auprès d'eux. Leur obstination et leur acharnement sont si grands et si opiniâtres, qu'ils se feraient plutôt tuer que de quitter leur place. Dès qu'ils voient venir quelqu'un, au lieu de lui laisser un passage libre, les uns courent se jeter sur lui ; tandis que les autres restent à leurs places, tout prêts à combattre. Lorsque la nécessité oblige de se trouver devant eux, il faut s'apprêter à leur livrer combat : ils saisissent comme les chiens les pierres qu'on leur jette, les mordent de rage, et s'élancent en poussant des rugissemens horribles sur ceux qui les attaquent. On a beau leur casser les dents ou leur crever les yeux, ils ne quittent pas pour cela leur poste ; ils n'osent même le faire, parce que les chats marins qui ne sont que spectateurs, se jeteraient sur eux et les déchireraient. S'il arrive qu'un de ces animaux soit forcé de se retirer, aussitôt les autres s'avancent pour empêcher qu'il ne s'enfuie. On voit alors une chose fort singulière : chacun de ces animaux soupçonnant son voisin de vouloir prendre la fuite, se met à l'attaquer. Ces espèces de duels deviennent bientôt si généraux, que l'on ne voit que combats sanglans, et que l'on n'entend que d'horribles cris. Pendant qu'ils sont ainsi occupés à se battre, on peut passer sans rien craindre. Si deux de ces animaux en attaquent un seul, les autres vont au secours du plus faible, comme s'ils étaient indignés de l'inégalité du combat. Ceux des chats marins qui sont dans la mer, élèvent leur tête au-dessus de l'eau pour être spectateurs du combat. Ils entrent à leur tour en fureur, gagnent le rivage, et vont augmenter le nombre des combattans.

Lorsqu'il n'y en a que deux qui se battent, l'action dure souvent une heure entière : quand ils sont las, ils se reposent et se couchent à côté l'un de l'autre ; et ensuite se levant tout-à-coup, à l'exemple des hommes féroces qui se battent en duel, ils recommencent le combat sans bouger du poste qu'ils ont choisi. Ils se battent la tête levée et droite, cherchant à éviter les coups l'un de l'autre : tant qu'ils sont d'égale force, ils ne se servent que des pattes de devant; mais lorsque l'un des deux commence à perdre ses forces, l'autre saisit son rival avec les dents et le renverse sur le sable. Ceux qui sont spectateurs accourent alors au secours des vaincus, comme médiateurs du combat. Les blessures qu'ils se font avec leurs dents sont aussi profondes que celles qu'on pourrait faire avec un sabre.

Leur premier et leur plus sanglant combat est pour les femelles : lorsqu'un mâle enlève la femelle d'un autre, ou qu'il veut lui ravir celles qui sont encore jeunes, et qui sont dans sa bande. Les femelles présentes au combat se rangent toujours du côté du vainqueur. Ils se battent encore lorsqu'un d'eux prend la place d'un autre, ou lorsque, sous prétexte de n'avoir pas assez de place, il s'approche pour caresser une femelle qui n'est pas à lui. Ils chérissent singulièrement leurs petits. Les femelles craignent beaucoup les mâles : ceux-ci les traitent avec tant de sévérité, qu'ils les punissent pour la moindre chose. Quand on vient pour enlever le petit d'une femelle, si elle ne l'emporte pas dans sa gueule, le chat marin quitte le ravisseur, s'élance sur sa femelle, et la saisissant avec les dents, il la jette à plusieurs reprises sur la terre, et la frappe contre les rochers, jusqu'à ce qu'elle reste étendue comme morte ; dès qu'elle a repris connaissance, elle s'approche de ses pieds en rampant, les lèche en laissant couler une abondance de larmes sur sa poitrine. Cependant le mâle sans se laisser toucher, va et vient grinçant continuellement des dents, et roulant ses yeux rouges comme du sang, secouant la tête comme un ours. Lorsqu'il voit qu'on lui enlève ses petits, il pleure à son tour si abondamment que sa poitrine est baignée de larmes. Ces animaux pleurent aussi lorsqu'on les blesse dangéreusement, ou qu'on les offense et qu'ils sont hors d'état de se venger.

Cet animal a différens cris : lorsqu'il est couché sur le rivage et qu'il joue, il beugle comme une vache : lorsqu'il se bat, il heurle comme un ours : lorsqu'il est vainqueur de son ennemi, il crie comme un grillon : lorsqu'il est vaincu ou blessé, il se plaint comme un chat. Les vieux chats marins se préparent au combat, lorsqu'ils aperçoivent un ou plusieurs hommes ; cependant on les fait fuir en troupe en sifflant ou en les attaquant, ou en poussant de grands cris. Ils se jettent aussitôt dans l'eau, d'où ils regardent avec une espèce d'étonnement ceux qui les ont épouvantés.

Lorsqu'ils sont blessés par le harpon, ils saisissent les canots où sont les pêcheurs et les entraînent avec tant de rapidité, que les canots semblent voler; il arrive souvent qu'ils les renversent. Si on les attaque sur terre, on commence par leur crever les yeux à coup de pierres, après quoi on les assomme avec de gros bâtons; mais ces animaux ont la vie si dure que deux ou trois hommes ont bien de la peine à les tuer, en leur donnant plus de deux cent coups de bâtons sur la tête, et quoiqu'elle soit brisée en plusieurs endroits, ainsi que les dents; quoiqu'ils soient grièvement blessés, ils se tiennent sur leurs pieds de derrière et se défendent encore; on en a vu un qu'on avait mis dans cet état vivre plus de quinze jours pendant lesquels il resta toujours dans même place comme une statue.

On voit aussi dans ces mers la vache marine, la baleine et une infinité de poissons dont la forme et le naturel n'offrent rien de bien intéressant.

On ne voit dans cette contrée ni serpens ni

ni crapauds, on y trouve seulement une assez grande quantité de lézards, que les naturels regardent comme des espions envoyés par le dieu du monde souterrain pour examiner leurs actions et prédire leur mort. Ils se tiennent singulièrement en garde contre eux, et lorsqu'ils les trouvent et qu'ils peuvent s'en saisir, ils les découpent par petits morceaux, afin de les mettre hors d'état d'aller rendre compte à celui qui les a envoyés ; s'il arrive par hasard que cet animal s'échappe, ils tombent dans une grande tristesse et même dans le désespoir. Ils attendent à chaque instant la mort, et se la donnent quelquefois par crainte et par foiblesse.

Fin du premier Volume.

www.ingramcontent.com/pod-product-compliance
Lightning Source LLC
Chambersburg PA
CBHW071418150426
43191CB00008B/960